Testimonio de un Resistente

Raymond Heymann

Published by Raymond Heymann, 2024.

TESTIMONIO DE UN RESISTENTE

First edition. January 23, 2024.

ISBN: 979-8224970421

Written by Raymond Heymann.

Testimonio de un Resistente

Mi Historia de Resistente en Francia Durante la Segunda Guerra Mundial

RAYMOND HEYMANN

CAPÍTULO 1

Una familia alsaciana entre las dos guerras mundiales

Me llamo Raymond Heymann. Nací en Estrasburgo en 1919, una ciudad marcada por la historia, justo después de la conclusión del Tratado de Versalles.

Estrasburgo, esta ciudad donde el eco de cada piedra cuenta una historia, donde cada callejón parece susurrar los relatos del pasado. Mis raíces están profundamente arraigadas en Alsacia, tierra de mis antepasados desde generaciones. Mis padres, mis abuelos, mis bisabuelos, todos han nacido en esta tierra, tejida en el rico tapiz de la historia alsaciana.

El judaísmo de Alsacia, al cual pertenece mi familia, es una rama de la tradición judía que se extiende a lo largo del valle del Rin. De Basilea a la frontera holandesa, se caracteriza por una dispersión en pequeñas localidades. La historia judía en Alsacia es compleja, marcada por prohibiciones y movimientos. Antes de la Revolución Francesa, los judíos no tenían derecho a residir en las ciudades de Alsacia. Vivían en aldeas, a menudo en la periferia de las grandes ciudades.

Mis dos abuelos, testigos de esta época, eran originarios de estos pequeños pueblos. Nacieron en este mundo rural, sencillo, lejos del bullicio de las grandes ciudades. Mi abuelo materno nació en Bolsenheim, y mi abuela en Muttersholz. Pueblos que susurraban el pasado, lugares donde el tiempo parecía transcurrir de manera diferente.

La historia de Alsacia está íntimamente ligada a la de Alemania, y la ocupación alemana de Alsacia-Lorena fue un punto de inflexión importante. La industrialización siguió, transformando radicalmente el paisaje social y económico. Las ciudades ganaron importancia, atrayendo a muchos judíos de los pueblos cercanos. Estos movimientos de población reflejaron los profundos cambios en la vida de las comunidades judías.

Los judíos de los pueblos, como mis antepasados, solían ejercer oficios modestos, como comerciantes de ganado o de trigo, e incluso vendedores ambulantes. Viviendo en condiciones económicas precarias, aspiraban a una vida mejor. Estas historias, estos viajes, han dado forma a mi familia, llevándonos finalmente a Estrasburgo, donde nací, en el corazón de una época de cambios y desafíos.

En 1870, tras la conquista alemana, mi familia se enfrentó a una elección crucial. Una parte tomó la difícil decisión de dejar Alsacia para ir a Estados Unidos, para evitar el servicio militar alemán, mientras que otra prefirió establecerse en Francia. En este período agitado, tengo un tío, nacido en 1852, que a los 18 años fue guardia móvil en Estrasburgo. Fue testigo de los dramáticos eventos del asedio prusiano de 1870, incluyendo el gran incendio que devastó la ciudad.

Mi abuela, con sus hermanos y hermanas, vivió estos tiempos de convulsiones. Uno de sus hermanos se estableció en Remiremont en los Vosgos. Durante el caso Dreyfus, como peluquero, sufrió el antisemitismo de los oficiales de la guarnición que rompieron los cristales de su tienda, obligándole a mudarse a Nancy. Dos otros hermanos emigraron a Estados Unidos, pero regresaban regularmente a visitar la familia.

Mi abuelo paterno es originario de Lindgolsheim, un pequeño pueblo cerca de Estrasburgo, y mi abuela paterna de Ritzels, cerca de la frontera alemana. Durante la Primera Guerra Mundial, mi padre, entonces soldado alemán, compró una zapatería en la Grand-Rue en Estrasburgo, que desarrolló hasta la víspera de la Segunda Guerra.

Mis padres se casaron en 1913. Tengo aquí sus fotos que datan de 1912. La de mi madre, y aquí está la de mi padre.

El calzado era la especialidad de mi padre. En mi familia, los oficios eran variados, pero aún no estábamos en la época de las profesiones universitarias. Éramos comerciantes e intermediarios. Mi padre fue movilizado en 1914, pero, poco inclinado a arriesgar su vida por el Emperador Guillermo II, encontró la manera de ser repatriado a Estrasburgo, donde terminó la guerra como soldado de la guarnición local.

Durante este tiempo, mi madre gestionaba la tienda de zapatos. Después de la guerra, mi padre pudo desarrollar el negocio. Mis padres trabajaron arduamente después de la Primera Guerra Mundial para establecer su comercio. Era un periodo propicio para las personas emprendedoras y trabajadoras.

Nací en 1919, en una Alsacia marcada por las secuelas de la Primera Guerra Mundial. Trágicamente, en 1920, mi hermana mayor, Suzanne, nos dejó, llevada por una neumonía, enfermedad implacable en esa época. Fue un golpe inmenso para mi madre, un dolor que nunca la abandonó. En 1922, mi familia se amplió con el nacimiento de mi hermana menor, Simone.

En mi infancia, Estrasburgo era el escenario de mi vida cotidiana, una ciudad vibrante de cultura e historia. Seguí una escolaridad clásica, coronada por estudios en una escuela de comercio. En 1936, mi padre me envió a París en aprendizaje, a Chaussures Heyraud, una experiencia formativa que me preparó para unirme a la empresa familiar.

De regreso en Estrasburgo en 1937, me uní a mi padre en la gestión de la tienda familiar. Entre tanto, había adquirido otra boutique en la Place Gutenberg. Nuestros negocios prosperaban, pero la amenaza de la guerra ya se cernía en el horizonte. En cuanto a la identidad nacional, la mayoría de los judíos alsacianos, incluida mi familia, eran resueltamente pro-franceses. No había simpatía marcada por Alemania, al contrario. Esta lealtad hacia Francia estaba profundamente arraigada en nuestra comunidad, sin ambivalencia ni conflicto.

Recuerdo una foto que había mencionado anteriormente, la que ilustra las raíces de mi familia, testimoniando nuestro apego a la tierra alsaciana y a la nación francesa. Nuestra identidad era clara, nuestra pertenencia incuestionable, incluso en el torbellino de cambios políticos y conflictos que han modelado Alsacia a lo largo de estos años turbulentos.

Mi tío David, residente en Nancy con mis abuelos maternos desde 1900, fue naturalmente incorporado en el ejército francés durante la Primera Guerra Mundial. Su ligera discapacidad en la pierna le impidió ir al frente, y por lo tanto sirvió en la retaguardia durante todo el conflicto.

En cuanto a mi padre, sirvió en el ejército alemán, conforme a las obligaciones militares impuestas a los alsacianos de la época. Esto nunca fue fuente de conflicto familiar. A pesar de su uniforme alemán, mi padre, como muchos judíos alsacianos, era profundamente pro-francés. Esta lealtad hacia Francia era natural y nunca fue cuestionada.

Mi educación se desarrolló en un mezcla cultural única. Mi lengua materna es el francés, pero el alsaciano, ese dialecto tan característico de nuestra región, constituía una parte importante de mi identidad lingüística. Era perfectamente bilingüe, oscilando entre el francés y el alsaciano con facilidad. El alemán, aunque familiar, no era mi lengua de preferencia.

En casa, la coexistencia del francés y el alsaciano era natural. Mi madre, habiendo crecido en Nancy, hablaba un francés impecable, mientras que mi padre, aunque menos fluido, también se comunicaba en francés. Las conversaciones familiares eran una mezcla fluida de estos dos idiomas, sin esfuerzo consciente. Nunca hablábamos alemán, ya que nadie en la familia lo dominaba realmente. Esta atmósfera lingüística reflejaba un judaísmo alsaciano, arraigado entre dos culturas, pero resueltamente orientado hacia Francia.

Aprendí alemán en la escuela, pero era distinto de mi educación judía, que abordaré ahora. El judaísmo en Alsacia era profundamente tradicional, arraigado en prácticas y costumbres. Sin embargo, hay que admitir que nuestro nivel de cultura y conocimiento judío era bastante limitado. Los miembros de nuestra comunidad sabían leer hebreo, seguían las oraciones y observaban las leyes de la kashrut. Pero su comprensión no se extendía más allá de estas prácticas. Esta carencia contribuyó posteriormente a cierta asimilación y al aumento de matrimonios mixtos.

En mi familia, seguíamos las tradiciones judías con cierto grado de flexibilidad. Aunque la tienda estaba abierta en Shabat, mi padre, un gran fumador, nunca fumaba ese día. Tampoco emprendíamos viajes en Shabat. Eran contradicciones, ciertamente, pero reflejaban un apego innegable a las tradiciones, que mis padres lograron transmitir a mi hermana y a mí.

Observábamos las festividades judías y el Shabat se celebraba de manera tradicional, con visitas al Bet HaKnesset. Sin embargo, la vida económica y social imponía sus restricciones. Por ejemplo, yo iba a clase en Shabat, ilustrando la mezcla de tradición y modernidad que caracterizaba nuestra vida.

En cuanto a la educación laica, no había otra opción que la escuela pública. Existía una escuela primaria judía en Estrasburgo, pero no satisfacía las expectativas de las familias judías que deseaban una educación de calidad superior. Mi hermana y yo asistimos al liceo, tanto en primaria como en secundaria, con compañeros no judíos. Esta experiencia escolar era representativa de nuestra integración en la sociedad en general, manteniendo un vínculo con nuestro patrimonio judío.

En el entorno en el que vivíamos, las interacciones entre judíos y no judíos eran frecuentes. Aunque había antisemitismo, no constituía una molestia mayor en nuestra vida cotidiana. Nunca encontramos problemas serios al respecto. Tenía amigos no judíos, pero nuestras relaciones tenían sus límites.

En casa, las amistades cercanas eran principalmente con otras familias judías. Con los no judíos, siempre había un punto más allá del cual la relación no progresaba. Por ejemplo, en nuestro edificio había una conserje, una mujer admirable a la que mis padres apreciaban mucho. Había trabajado para mis padres antes de su matrimonio y mantenía un fuerte vínculo con nuestra familia. Tenía una pequeña hija, y en Navidad, solíamos ir a su árbol de Navidad para ofrecer un pequeño regalo. Sin embargo, nuestras interacciones se limitaban a estos gestos de cortesía.

En cuanto a las festividades judías, como Hanukkah, se celebraban exclusivamente dentro de nuestra comunidad. No invitábamos a no judíos a estas celebraciones. Esta separación de esferas sociales y culturales reflejaba la realidad de la época y de nuestra comunidad en Alsacia. Nuestras tradiciones y prácticas se preservaban en nuestro círculo familiar y comunitario, manteniendo al mismo tiempo una coexistencia respetuosa con nuestros vecinos no judíos.

En Estrasburgo, la vida comunitaria judía era muy presente y activa. Mi hermana y yo participábamos en el Talmud Torá los jueves y domingos por la mañana, los días libres escolares. Sin embargo, la enseñanza recibida allí era bastante básica. Recuerdo mi bar mitzvá en 1932, donde leí tres versículos del Sefer Torá sin realmente entender su significado, por falta de explicaciones profundas. En esa época, mi interés estaba probablemente más orientado hacia los regalos asociados con el evento que hacia su significado religioso en sí.

Paralelamente, había movimientos de juventud judíos muy activos en Estrasburgo. Los scouts judíos, por ejemplo, estaban bien establecidos desde la década de 1920. También había movimientos de juventud sionistas, activos antes, durante y especialmente después de la Primera Guerra Mundial. El Keren Kayemet, en particular, gozaba de gran actividad. Casi todas las familias judías tenían cajas para recolectar fondos para Palestina, y la mayoría de la gente estaba bien informada sobre la situación allí. Sin embargo, nuestra participación personal en estos movimientos no se extendía más allá de estas actividades comunitarias básicas.

Esta dinámica reflejaba un compromiso cierto con nuestra identidad judía y la causa sionista, pero en una medida limitada, centrada en prácticas tradicionales y apoyo comunitario en lugar de una participación activa y profunda en movimientos políticos o religiosos. Aunque nunca estuve involucrado en un movimiento de juventud, mi hermana se unió a las exploradoras neutrales en Estrasburgo. Esta distinción entre "neutrales", católicas, protestantes e israelitas era común en los movimientos de juventud de la época, reflejando la diversidad cultural y religiosa de la ciudad.

Estrasburgo, con su comunidad judía dinámica y activa, siempre fue un centro de vida cultural y religiosa intensa. La ciudad era un crisol de tradiciones e innovaciones, donde las diferentes confesiones coexistían, cada una con sus propias organizaciones y actividades. Esta vitalidad era particularmente notable en la comunidad judía, conocida por su compromiso y vitalidad.

Mi hermana, participando en las exploradoras neutrales, disfrutó de una experiencia enriquecedora, permitiéndole sumergirse en un entorno laico mientras permanecía conectada a nuestro patrimonio cultural y religioso. Esta participación reflejaba un equilibrio entre nuestra identidad judía y nuestra integración en la sociedad estrasburguesa más amplia, un equilibrio que caracterizaba la vida de muchas familias judías en esa época.

Uno de los eventos más destacados para la comunidad judía de Estrasburgo antes de la Segunda Guerra Mundial fue sin duda la construcción e inauguración de la gran sinagoga del Quai Kléber. Esta sinagoga, un edificio imponente y prestigioso, fue inaugurada a principios del siglo XX, alrededor de 1901 o 1902, aunque la fecha exacta se me escapa. Representaba un punto de inflexión importante para nuestra comunidad, simbolizando tanto nuestra prosperidad como nuestra integración en la ciudad.

Antes de la construcción de esta gran sinagoga, la comunidad judía se reunía en una sinagoga más antigua y modesta en la rue

Sainte-Hélène, situada en el casco antiguo de Estrasburgo. Sin embargo, con el crecimiento de la población judía, este espacio se volvió demasiado pequeño. La nueva sinagoga, erigida en un barrio en pleno desarrollo, cerca del mercado central, rápidamente se convirtió en un símbolo de orgullo para todos nosotros. Su ubicación visible y central en la ciudad atestiguaba la presencia y la creciente importancia de la comunidad judía en la vida de Estrasburgo.

Es importante señalar que, entre 1870 y la Primera Guerra Mundial, Estrasburgo vio la llegada de numerosos judíos alemanes. Esta inmigración contribuyó al enriquecimiento cultural y religioso de la comunidad judía local, aportando nuevas perspectivas y tradiciones. La gran sinagoga del Quai Kléber, con su arquitectura majestuosa, encarnaba esta evolución, convirtiéndose en un centro vital para la vida religiosa, social y cultural de los judíos de Estrasburgo.

El judaísmo alemán, conocido por su espíritu emprendedor en el ámbito de las instituciones judías, tuvo un impacto significativo en la comunidad judía de Estrasburgo, especialmente durante el periodo de ocupación alemana. Fue en esta época cuando se fundaron las principales obras judías de Estrasburgo, a menudo gracias a la iniciativa y con el apoyo de las familias judías alemanas.

Se estableció una clínica importante, así como una escuela, denominada "la escuela de trabajo". Esta escuela desempeñaba un papel similar al de la ORT en años posteriores. También se fundaron orfanatos, uno para niños y otro para niñas, así como otras obras religiosas más específicas. Estas instituciones fueron ampliamente apoyadas por las familias alemanas, que se mostraban generosas y proactivas en la financiación de obras públicas.

Entre los logros notables también se encuentra el Hospicio Elisa, un hogar de ancianos fundado en memoria de una hija de la familia Ratisbonne. Esta familia es particularmente interesante: en el siglo XIX, uno de los hermanos Ratisbonne se fue a Tierra Santa y se convirtió al cristianismo, fundando la Orden de las Hermanas de Sion.

Otro hermano, presidente del Consistorio en Estrasburgo, creó el Hospicio Elisa en homenaje a su hija fallecida joven. Este hospicio, que todavía existe hoy, ha evolucionado considerablemente a lo largo de los años.

Estos desarrollos son testimonio del profundo compromiso de los judíos, tanto locales como alemanes, con su comunidad en Estrasburgo. Su generosidad y espíritu de iniciativa jugaron un papel crucial en la creación de instituciones que no solo sirvieron a la comunidad judía, sino que también enriquecieron la vida social y cultural de la ciudad en su conjunto.

En Estrasburgo, no había una separación estricta entre los judíos alemanes y alsacianos. Formaban parte de lo que se llama la Gran Comunidad o la Comunidad consistorial, y no había una distinción notable en su práctica religiosa o su integración social. Los judíos alemanes en Estrasburgo no eran numerosos. Eran principalmente industriales o personas vinculadas al poder y tenían cierta influencia.

En cuanto a los judíos de Europa del Este, los Ostjuden, es posible que también hayan formado parte de la comunidad, pero no se distinguían como un grupo separado dentro de la Comunidad consistorial. Es cierto que en Estrasburgo se formó muy temprano una comunidad de estricta observancia. Esto ocurrió con la introducción del órgano en la gran sinagoga de Estrasburgo. Este fenómeno, donde un grupo rechazó la introducción del órgano, era común en Alemania y condujo a la creación de su propia comunidad, conocida como la Ost-Streitsgemeinde. Este cisma reflejaba diferencias en la práctica religiosa y la forma de concebir el judaísmo, más que diferencias étnicas o nacionales.

La comunidad judía de Estrasburgo era efectivamente diversa. Además de la principal Comunidad consistorial, había una comunidad de estricta observancia, así como una comunidad de Ostjuden que se desarrolló gradualmente. Estas diferentes comunidades coexistían, cada una con sus propias prácticas y tradiciones, y había tres minyanim, o grupos de oración, distintos en la ciudad.

En cuanto a mi familia, frecuentábamos la sinagoga histórica del Quai Kléber. Vivíamos en un barrio que se situaba a unos 20 minutos de esta sinagoga. En 1923, mis padres habían comprado un edificio en este nuevo barrio, y allí residíamos. La aproximación de la Segunda Guerra Mundial iba a traer cambios profundos y devastadores, no solo para nuestra familia sino también para toda la comunidad judía de Estrasburgo. Este periodo marca un punto de inflexión crucial en nuestra historia, donde nuestras vidas y nuestra comunidad iban a ser puestas a prueba de manera sin precedentes.

Desde 1938, las tensiones prefigurando la Segunda Guerra Mundial eran palpables, y el año 1939 estuvo marcado por signos cada vez más preocupantes, como el Anschluss y la invasión de Checoslovaquia. Mis padres, anticipando los problemas venideros, habían tomado la precaución de alquilar un alojamiento amueblado en los Vosgos para pasar las vacaciones, considerando la posibilidad de utilizarlo como refugio si fuera necesario.

CAPÍTULO 2

Septiembre de 1939. La orden de evacuación

Cuando llegó el 1 de septiembre de 1939, Estrasburgo, así como otras localidades cercanas al Rin, fue sometida a una evacuación forzada. Mi padre ya había llevado a mi madre, mi hermana y mis abuelos a este alojamiento unos días antes. Mi padre y yo seguimos durante la evacuación oficial. Nos llevamos con nosotros lo que pudimos, tratando de preservar lo mejor posible nuestros bienes más preciados o indispensables.

Así, nos encontramos en Gérardmer, un lugar que debía servirnos de refugio temporal ante la incertidumbre y los peligros de la inminente guerra. Este período marcó un punto de inflexión desgarrador en nuestras vidas, alejándonos de nuestro hogar y sumergiéndonos en un futuro incierto. Nuestra familia, como tantas otras, se enfrentó a la urgencia de la situación, intentando mantener un semblante de normalidad en un mundo que cambiaba rápidamente y de forma irreversible.

La orden de evacuación de Estrasburgo llegó de manera bastante repentina, pero no totalmente inesperada, dadas las crecientes tensiones en Europa. Nos informábamos principalmente por la radio, que era nuestra principal fuente de información sobre los acontecimientos exteriores. Además, la orden de evacuación se publicó oficialmente en la ciudad, haciendo que la situación se volviera inevitablemente real y urgente.

La orden estipulaba que se dispondrían trenes para llevar a los habitantes hacia los departamentos de acogida, en particular Dordoña, con destinos como Périgueux, y Haute-Vienne, con Limoges. Sin embargo, mi familia eligió un camino diferente. Mi padre tenía un coche, lo que nos permitió dirigirnos a nuestro alojamiento en

Gérardmer, donde ya habíamos enviado a mi madre, mi hermana y mis abuelos.

Recuerdo las discusiones familiares sobre qué llevar. Estos momentos estaban marcados por cierta urgencia y ansiedad. Teníamos que decidir rápidamente qué objetos eran esenciales, dejando atrás gran parte de nuestras pertenencias y de nuestra vida habitual. Era un ejercicio de selección difícil, separando las necesidades inmediatas de las posesiones a las que estábamos apegados. Las decisiones debían tomarse rápidamente, ya que había una presión constante del tiempo y de la situación que evolucionaba rápidamente.

Esta evacuación forzada fue un momento de profundo trastorno para nuestra familia, arrancándonos de nuestro entorno familiar y proyectándonos hacia un futuro incierto. Fue una despedida precipitada de nuestro hogar, amigos y la vida que conocíamos, sin saber qué nos depararía el futuro.

La evacuación de Estrasburgo, una ciudad normalmente animada, fue total e imperativa. La consigna era clara: todos debían partir, a excepción de algunos establecimientos esenciales como algunos restaurantes, puntos hospitalarios, y por supuesto, las tropas militares. Solo aquellos con una autorización especial de las autoridades militares francesas estaban exentos de esta directiva. Esta medida, tomada bajo el auspicio del gobierno francés, era un signo de la confianza depositada en la Línea Maginot. Los habitantes, incluido yo mismo, estábamos convencidos de su eficacia para protegernos de las ofensivas alemanas. Esta confianza también estaba respaldada por nuestra fe en el General Gamelin, el jefe del ejército francés. En nuestras mentes, la Línea Maginot era un baluarte infalible, una garantía de seguridad en medio de estos tiempos inciertos.

El objetivo de la evacuación de Estrasburgo no era solo proteger las zonas militares, sino también tomar precauciones para minimizar las víctimas civiles en caso de bombardeo. Esta medida también tenía como objetivo despejar espacio para las maniobras militares, evitando que la presencia de civiles constituyera un obstáculo. Ante esta situación, nuestra familia tuvo que cerrar la tienda. Tomamos la llave, dejando atrás la mayoría de las mercancías. Solo lo que podíamos llevar en nuestro coche se salvó. Fue un momento conmovedor, marcado por la nostalgia y los recuerdos

de mis abuelos. Mi abuela paterna nos había dejado en 1938, y mi abuelo paterno, a quien nunca conocí, había fallecido mucho antes, en 1905. Estos pensamientos añadían una capa adicional de emoción a nuestra partida precipitada de Estrasburgo, una ciudad a punto de convertirse en un fantasma de su antiguo bullicio. La muerte de mi abuela paterna en 1938 había dejado una huella dolorosa en nuestra familia. En cuanto a mis abuelos maternos, vivían con mi tío, mi tía y mi primo justo debajo de nuestro apartamento. Cuando se dio la orden de evacuación, todos tuvieron que partir, al igual que nosotros. Lograron encontrar alojamiento en Gérardmer, una ciudad de refugio para muchos habitantes de Estrasburgo durante este período turbulento.

Mi tío, por su parte, había sido movilizado en las fuerzas territoriales, añadiendo otra capa de preocupación a nuestra situación familiar. A pesar de la incertidumbre y el miedo, todos nos dirigimos a Gérardmer, llevando con nosotros las llaves de nuestras casas y negocios, no dejadas bajo un felpudo, sino guardadas cuidadosamente en nuestros bolsillos. Esta evacuación significaba mucho más que un simple cambio de lugar; era el comienzo de una nueva era, llena de incertidumbres pero también de solidaridad familiar en la adversidad.

En Gérardmer, nuestra instalación se llevó a cabo de manera relativamente fácil, a pesar de la simplicidad y la dureza de las condiciones. La ciudad, conocida por su pintoresco lago y su idílico entorno vacacional, ofrecía numerosos alojamientos amueblados, lo cual era una ventaja considerable para nosotros y para los muchos otros refugiados, especialmente de Colmar y alrededores.

Esta comunidad repentinamente formada de refugiados incluía una parte significativa de judíos, como nosotros, buscando refugio lejos de sus hogares. La presencia de una sinagoga en Gérardmer era una fuente de consuelo. Se convirtió en un punto central para nuestra vida comunitaria, ofreciendo un lugar de culto y reunión. Los servicios religiosos, en particular, eran momentos importantes, reforzando nuestro sentido de pertenencia y nuestra resiliencia frente a la adversidad.

La experiencia en Gérardmer, aunque marcada por el contexto de guerra y evacuación, también fue un período de solidaridad y compartir, donde la comunidad se unió para enfrentar los desafíos del momento. Este desarraigo fue una prueba compleja, mezclando la incertidumbre de los primeros días con la dura realidad de la adaptación. Al principio, pude creer que sería una especie de largas vacaciones, un cambio temporal. Pero muy pronto, los problemas materiales tomaron el control. Tuvimos que organizarnos para necesidades básicas, como la comida. Traíamos carne kosher de Colmar. Era un detalle entre muchos, pero simbolizaba esta necesidad constante de adaptación.

El invierno en Gérardmer fue particularmente duro. Las temperaturas cayeron a niveles gélidos, alcanzando menos 28 grados, e incluso menos 33 en Robirmont. Las persianas se congelaban en las ventanas, los inodoros no funcionaban debido al hielo. Cada día era una lucha por mantenerse caliente, cortar leña se convirtió en una rutina crucial para nuestra supervivencia.

Entre estas dificultades, un acontecimiento significativo fue el fallecimiento de mi abuela materna a finales de octubre en Gérardmer. Fue enterrada bajo una espesa capa de nieve. Los recuerdos de ese día permanecen grabados en mi memoria, evocando una profunda tristeza. La tumba no pudo ser excavada de inmediato debido al suelo congelado. Tuvimos que esperar un ligero deshielo. Su muerte, a los 81 años, fue acelerada por varios pequeños males que se agravaron con la edad y este desplazamiento brusco. Fue un momento de profunda tristeza, mezclada con la dura realidad de nuestra situación. Estas experiencias, por dolorosas que fueran, moldearon mi visión de la vida y la resiliencia. La necesidad de adaptarse a un entorno hostil, mientras se enfrenta el duelo y la pérdida, es una lección de vida invaluable.

En Gérardmer, mi vida tomó un rumbo diferente al que podría haber imaginado. Habiendo dejado el liceo para ingresar a una escuela de comercio, terminé mis estudios a finales de 1935. Por lo tanto, a nuestra llegada a Gérardmer, ya no tenía vínculos escolares. Fue un cambio importante para mí, pasando de un entorno estructurado y predecible a una existencia incierta en esta pequeña ciudad.

Nos instalamos lo mejor que pudimos en Gérardmer. Mis padres siempre habían sido ahorrativos, viviendo de forma modesta pero suficiente. No nos faltaba nada esencial, pero evitábamos cualquier gasto superfluo. Este hábito de ahorro resultó crucial durante la guerra. Sin ingresos regulares, dependíamos de estos ahorros para enfrentar las numerosas dificultades. Fue un período de restricciones, pero también de aprendizaje sobre el valor de la previsión y la gestión prudente de recursos.

Cada día traía sus propios desafíos, pero gracias al espíritu ahorrativo y la previsión de mis padres, logramos superar los momentos más difíciles. Esta experiencia me enseñó la importancia de la prudencia financiera, una lección que he mantenido a lo largo de mi vida.

Cuando nos dimos cuenta de que nuestra estancia en Gérardmer se prolongaría, decidimos regresar a Estrasburgo para recuperar artículos esenciales, tanto para nosotros como para mis abuelos. Al principio, transportábamos nuestros efectos personales en el coche de mi padre. Pero pronto también comenzamos a traer mercancías de nuestra tienda.

Octubre, noviembre y luego diciembre pasaron, y se hizo evidente que dejar nuestro stock de mercancías en Estrasburgo era una pérdida innecesaria. Teníamos un stock considerable, especialmente con los pedidos de invierno que habían sido muy rentables. No habíamos anticipado esta situación; normalmente, para detener los pedidos, habríamos necesitado prever con seis meses de anticipación.

Ante esta realidad imprevista, decidimos vender este stock. Fue una medida pragmática, permitiéndonos no desperdiciar recursos valiosos y generar ingresos en estos tiempos inciertos. Fue una tarea ardua, pero necesaria, reflejando nuestra capacidad de adaptarnos y enfrentar los desafíos impuestos por las circunstancias. Cada viaje de regreso a Estrasburgo era un recordatorio de nuestra vida pasada y un paso hacia la gestión de nuestra nueva realidad.

La situación que enfrentábamos era inédita. Las dos tiendas que teníamos en Estrasburgo estaban llenas de mercancías. Inicialmente, alquilamos un cuarto de una sala de baile para almacenar los zapatos. Parecía ser una solución temporal, pero pronto tuvimos que alquilar toda la sala en Gérardmer para acomodar todo nuestro stock. Los viajes entre Estrasburgo y Gérardmer se hicieron cada vez más frecuentes. Ante esta necesidad, el propietario del autobús que utilizábamos quitó los asientos para permitirnos transportar más mercancías. Empacábamos los zapatos nosotros mismos, enfrentando esta tarea solos. Durante todo el invierno, realizamos numerosos viajes, aunque no puedo decir exactamente cuántos.

Una vez que la mercancía estaba instalada y clasificada en la sala de baile, comenzamos a buscar comerciantes de zapatos locales para venderla. Nuestro objetivo era claro: no podíamos conservar esta mercancía. A pesar de las dificultades, logramos vender una buena parte de ella, aunque no fue fácil. En ese momento, la industria francesa aún funcionaba normalmente, y no había operaciones militares mayores. Se llamaba a este período la "guerra extraña", durante la cual los ejércitos alemán y francés se enfrentaban sin realmente combatir.

Mientras esperábamos, sin saber exactamente qué, nuestra incomprensión crecía. Sin embargo, persistía una confianza ciega en nuestros líderes militares y policiales. Era primavera, pero la situación seguía sin cambios. Mi padre y yo pasábamos nuestros días recorriendo la región en coche, buscando compradores para nuestras mercancías. Esta búsqueda constante nos había transformado, sin saberlo, en comerciantes itinerantes. Era nuestra nueva realidad, dictada por las circunstancias, un papel que nunca habíamos imaginado desempeñar.

En mayo de 1940, con todas las tensiones y restricciones que caracterizaban ese período, y a pesar de las crecientes escaseces de gasolina, nuestra familia todavía disponía de cupones que nos permitían abastecernos. Esto nos ahorraba dificultades mayores. Conducíamos con prudencia, sin excesos, sin desperdicio. Sacábamos el coche solo para desplazamientos esenciales, conscientes de la necesidad de conservar recursos para momentos más críticos.

Mis padres eran particularmente previsores. Seguían una antigua tradición, extendida en las familias judías, de guardar un poco de oro al margen. El oro es un valor refugio, ofrece cierta seguridad en caso de trastornos económicos o sociales. Este oro, no querían venderlo ni usarlo de inmediato. Miraban hacia el futuro con cautela, y con la guerra resonando, decidieron tomar medidas para preservarlo.

Por lo tanto, alquilaron una caja de seguridad en un banco en Orleans. Esta elección no era trivial. Orleans resultó ser una ciudad estratégica, más retirada de la línea del frente que se avecinaba en el norte. Si la situación debía agravarse y nos viéramos obligados a dejar nuestro hogar, Orleans nos parecía una opción prudente para un posible retiro. Era una posición bastante central en el Hexágono y nos ofrecía tranquilidad de espíritu frente a la incertidumbre de los tiempos.

En resumen, ese período estuvo marcado por la necesidad de prever, de pensar con anticipación en las medidas de precaución para poder enfrentar lo que el futuro nos reservaba. Fue esta previsión de mis padres lo que nos permitió atravesar esos momentos difíciles con un poco más de serenidad. Recuerdo muy claramente esa mañana, el 10 de mayo de 1940, cuando mi padre y yo partimos hacia Orleans. En pleno viaje, nos encontramos en la región de Langres, enfrentados a una paralización total del tráfico. El aire estaba cargado con el ruido de las bombas explotando, una señal indudable de la ofensiva alemana que había comenzado ese día.

La sorpresa fue total. Columnas de humo se elevaban aquí y allá, testificando el impacto de las bombas. Los aviones enemigos estaban por todas partes, y podíamos escuchar el silbido característico de los Stukas lanzándose sobre sus objetivos. Después de un tiempo que pareció interminable, los ataques cesaron y pudimos continuar nuestro camino.

En Orleans, la misión se cumplió rápidamente: noche pasada en la ciudad, alquiler de una caja de seguridad en el banco y luego regreso a Gérardmer. El plan inicial debió parecer simple, pero los eventos tomaron un giro dramático mucho más rápido de lo esperado. Los alemanes avanzaban a una velocidad increíble. Todos esperaban que el Marne fuera el escenario de un nuevo milagro, como en 1914, pero esta vez no hubo milagro.

CAPÍTULO 3

Junio de 1940. Alistamiento

Mientras tanto, el ejército me había convocado. Mi contingente estaba previsto inicialmente para ser movilizado en octubre de 1939, pero se había pospuesto por falta de equipo. Finalmente, fui llamado a servir el 8 de junio de 1940, en el 184º regimiento de artillería en Valence. Los eventos se precipitaron. París cayó el 14 de junio, y fue ese día cuando mis padres, junto con mi abuelo de edad avanzada, tomaron el camino del Éxodo. Una historia trágicamente común a tantos franceses, huyendo ante el avance enemigo. Cuando se acabó la gasolina, terminaron en Cantal, en Albepierre, donde encontraron refugio en el granero de una tal señora Jacomi, entre la paja.

De vuelta en Valence, me iniciaron en la disciplina militar, en el manejo del cañón de 75, considerado entonces como la herramienta de punta del progreso militar. Luego llegó el llamado del general de Gaulle, el 18 de junio, exhortándonos a continuar la lucha desde Inglaterra. Era impensable para nosotros: ¿Francia inclinándose, capitulando ante Alemania? Sin embargo, unos días después, se firmó el armisticio. El mariscal Pétain tomó la cabeza del gobierno, y la Francia que conocíamos comenzó a desvanecerse ante nuestros ojos.

Yo no escuché personalmente el llamado del general de Gaulle. En el cuartel era impensable que ese llamado, considerado sedicioso en ese momento, fuera difundido. Solo a través de discusiones, de intercambios entre camaradas, nos enteramos de este evento. Algunos de nosotros se habían aventurado a la ciudad y así supimos que un cierto coronel de Gaulle había tomado el aire desde Londres, llamando a todos los franceses a unirse a él para continuar la lucha por Francia, pero desde el extranjero.

Alrededor del 18 de junio, esta nueva opción, la de la resistencia más allá de las fronteras, comenzó a ser conocida entre nosotros. Sin embargo, estábamos tan acostumbrados a confiar en el ejército francés y en el gobierno que no medimos de inmediato la magnitud del desastre que realmente había ocurrido. Era una visión distorsionada por la confianza y la incredulidad, pero los hechos estaban ahí: el ejército francés sufría grandes pérdidas y muchos soldados eran capturados por el enemigo, incluidos tres de mis primos, hijos de una hermana de mi padre.

Solo después tomé conocimiento de toda la magnitud de los eventos, ya sea sobre el ejército, los prisioneros o la situación de mi propia familia.

Volviendo al cuartel de Valence. Un día, recibimos la orden de prepararnos para partir hacia el sur. Nuestra unidad fue embarcada en vagones de ganado. La esperanza colectiva, nuestra esperanza, era que nos llevaran a África del Norte. Allí, pensamos que tendríamos la oportunidad de unirnos a las fuerzas combatientes y retomar la lucha. Esa idea dominaba entre los soldados, la de una continuación de la lucha, incluso si la metrópoli caía en manos de Alemania.

Tras el armisticio firmado el 22 de junio de 1940, la situación para los judíos en Francia se volvió particularmente precaria. Como muchos otros judíos en esa época, mi familia y yo no solo veíamos la derrota como una pérdida de nuestra identidad francesa. También era el anuncio de un peligro inminente para nuestra misma existencia. Las noticias de lo que estaba pasando en Alemania con la subyugación de los judíos, los campos de concentración, las detenciones arbitrarias y las agresiones eran bien conocidas por nosotros. Esta realidad era alarmante, y con la derrota de Francia, la ilusión de que la nación aún podía protegernos se disipaba rápidamente.

El mariscal Pétain, por su parte, era una figura bien conocida y antes respetada, el "vencedor de Verdun", un personaje emblemático de la Primera Guerra Mundial. Antes de la guerra, hubiera sido difícil para cualquiera sospechar que pudiera colaborar con los alemanes. Pero la historia pronto mostró cuán ingenua era esa confianza en él. Una vez en el poder, estableció el régimen de Vichy que colaboró con los ocupantes nazis.

En mi familia, y en general entre la comunidad judía, no había simpatía por Pétain o su política. El llamado de De Gaulle no necesariamente influenció de inmediato a todos, dada su limitada difusión inicial. Sin embargo, para los judíos y muchos otros franceses que valoraban la libertad y la resistencia, este llamado era un rayo de esperanza, aunque lejano e incierto en ese momento.

El armisticio firmado entre Pétain y los alemanes no era solo un compromiso militar; también era el preludio de un período oscuro para los judíos. El sentimiento creciente era que los alemanes no solo eran los enemigos de Francia, sino también nuestros opresores directos. Con la experiencia de los refugiados alemanes llegando a Francia, sabíamos lo que estaba pasando y ya teníamos una comprensión terrible de lo que podría ser un régimen nazi. Aún no conocíamos toda su extensión, pero ya sabíamos que para nosotros, los judíos, era un cataclismo.

De hecho, no confiaba en el mariscal Pétain, y eso desde el principio. Entre la comunidad judía en general, había una desconfianza instintiva bastante extendida, aunque, por supuesto, podría haber habido excepciones. Pero en general, éramos conscientes de los peligros que representaba la nueva orientación del gobierno frente a la ocupación nazi.

Durante nuestro desplazamiento hacia el sur, la efímera esperanza de tomar rumbo para unirnos a las fuerzas libres se desplomó rápidamente. El tren nos llevó no a un puerto, sino a un campo en Barcarès, donde fuimos dejados. Este campamento había albergado anteriormente a refugiados republicanos españoles después de la victoria de Franco. Allí, las condiciones eran más que básicas: barracones de madera plantados sobre arena, y pulgas omnipresentes.

Pasamos allí algunas semanas, bajo un sol aplastante, característico de esa región mediterránea. Las condiciones eran difíciles, y Barcarès estaba lejos de ser un lugar de convalecencia. Al final de esa estancia, nos trasladaron a un pueblo cerca de Perpiñán, donde dormimos en graneros. Si se puede decir, fue una ligera mejora, teniendo en cuenta que era verano y que las temperaturas podían ser muy altas.

En cuanto a nuestros días, eran de una monotonía desconcertante. La ocupación principal parecía ser matar las pulgas, una lucha diaria, mientras que el resto del tiempo, prácticamente no había nada que hacer. La inactividad, la falta de una perspectiva clara para el futuro, todo esto contribuía a un sentimiento general de abandono e incertidumbre sobre lo que el futuro nos reservaba.

Estábamos estacionados, y la vida cotidiana en el campamento estaba marcada por un profundo aburrimiento y una palpable falta de actividad. Aparte de la necesidad de mantener limpias las barracas y luchar contra las infestaciones de pulgas, no había tareas ni ejercicios militares. No había entrenamiento, nada que se pareciera ni remotamente a una preparación para el combate. Era un período de gran vacío.

Cuando fuimos trasladados al pequeño pueblo de Pia, cerca de Perpignan, nuestras condiciones de vida mejoraron ligeramente. Nos alojamos con habitantes locales, lo que nos permitió abastecernos mejor gracias al acceso a productos frescos como verduras y huevos. Finalmente pudimos tomar un respiro, respirar después de la promiscuidad del campamento de Barcarès.

Fue en Pia donde logré restablecer contacto con mi familia. Tenía una prima refugiada en Perpignan y, gracias a otra prima en Burdeos, finalmente obtuve la dirección de mis padres en Cantal. Intercambiamos algunas postales que todavía valoro. Mis padres se habían mudado del granero de la Señora Jacomis para irse al hotel de la Croix-Blanche en Murat, que resultó ser la capital de la región.

Desafortunadamente, fue allí donde mi abuelo falleció, en julio de 1940, en el hospital de Murat. Fue enterrado en el cementerio de la ciudad. Por su parte, mis padres se enteraron de la presencia en

Montpellier de una familia amiga originaria de Estrasburgo, la familia Vinter, que también había dejado Alsacia para huir del invasor.

Esta red de contactos entre familias y amigos refugiados, dispersos por todo el país, era esencial para mantener un semblante de coherencia en nuestras vidas trastornadas por la guerra. Nos permitía mantener lazos, intercambiar noticias y apoyarnos mutuamente a través de estos tiempos difíciles. Después de pasar un tiempo en el pequeño pueblo cerca de Perpignan, mis padres decidieron irse a Montpellier. No tenían preferencias particulares por ningún lugar, ni vínculos en otro lugar, simplemente el conocimiento de la presencia de amigos allí. Una vez allí, alquilaron un apartamento amueblado y se establecieron.

Por mi parte, desde Pia, nuestro grupo fue trasladado al fuerte de Mont-Louis, en los Pirineos Orientales. Este fuerte, construido en el siglo 17, está situado a 1800 metros de altitud. Eso significaba que, aunque las condiciones eran duras, el aire era fresco y teníamos una especie de pequeña cura en la montaña durante dos semanas, a pesar de la falta de actividades militares. Sin armas personales, ni siquiera había guardia que montar. Fue en ese momento cuando recibí el contacto de mis padres en Montpellier gracias a la dirección proporcionada por mi prima. La comunicación establecida con ellos fue un pequeño consuelo en estos tiempos inciertos.

Más tarde, desde Mont-Louis, fuimos reubicados más al norte, en una región montañosa árida del Macizo Central, cerca de Lodeve, con el objetivo de crear elementos de los Chantiers de Jeunesse. De hecho, después del armisticio, el ejército francés había sido en gran parte disuelto, excepto por un pequeño ejército de armisticio compuesto principalmente por militares de carrera. Los soldados que no habían sido capturados fueron liberados, excepto aquellos, como yo, que debían realizar su servicio militar.

CAPÍTULO 4

Los « Chantiers de Jeunesse »

Los Chantiers de Jeunesse debían reemplazar el servicio militar obligatorio para los jóvenes franceses e inculcar valores de trabajo, camaradería y disciplina, en el espíritu del nuevo régimen de Vichy. Era, por lo tanto, un período de transición y adaptación a una Francia metamorfoseada por la derrota y el armisticio, que buscaba su camino bajo el peso de la presencia alemana y un gobierno colaboracionista.

La clase de 1939, 4º trimestre, a la que pertenecía, se transformó en Chantiers de Jeunesse. Estos chantiers tenían como objetivo preparar a la juventud para convertirse en el rostro de la nueva Francia según los ideales de Vichy: "trabajo, familia, patria". Pretendían ser un regreso a la naturaleza y a los valores fundamentales. Se suponía que participáramos en trabajos físicos, como la tala de árboles y la instalación de sistemas de suministro de agua, para preparar un campamento para nuestra futura residencia y posiblemente para otras actividades.

Llegados en agosto, nos asignaron tiendas de campaña y comenzamos por desbrozar el terreno. Era necesario eliminar la vegetación y preparar el suelo para establecer los lugares de nuestras tiendas permanentes o cabañas de troncos que debíamos construir nosotros mismos. Paralelamente, era necesario acondicionar un espacio central para reuniones, con un mástil para la bandera.

Cada grupo se dedicaba a sus tareas. Algunos eran más calificados que otros, aportando sus habilidades profesionales adquiridas antes del llamado, por ejemplo, como agricultores o artesanos. Personalmente, era menos útil en términos de habilidades manuales, ya que no tenía experiencia como leñador o carpintero. Así que me encontré más en un papel de apoyo, transportando materiales, excavando la tierra entre otras tareas. Afortunadamente, teníamos compañeros más experimentados, incluidas personas del mismo pueblo de Lorena que yo.

Vivimos en tiendas de campaña hasta diciembre. Luego, nos entregaron barracas prefabricadas. Contribuimos a ensamblarlas y fue alrededor de este terreno central planificado que pudimos instalarnos en estas estructuras una vez llegó el invierno. Esto marcó una cierta progresión en nuestras condiciones de vida después de meses en una austeridad más severa. En el chantier de jeunesse donde fui asignado, las condiciones eran rudimentarias; sin agua corriente ni electricidad, las instalaciones eran básicas. Nos lavábamos en el arroyo, y con la llegada del invierno, el agua se congelaba, lo que hacía la tarea aún más penosa y poco atractiva. Este frío era suficiente para disuadir a la mayoría de nosotros de intentar esta experiencia cada mañana.

Sin embargo, a pesar de estas condiciones primarias, fuimos preservados de enfermedades graves. Se hizo un esfuerzo por mantener la higiene a un nivel aceptable. Por ejemplo, en ese momento fuimos vacunados contra la difteria y otras enfermedades infecciosas con la vacuna TAB (triple antibacilar), que era comúnmente administrada a jóvenes de 20 años en Francia.

En cuanto a la administración del campamento, estaba a cargo de oficiales militares, con un mínimo de disciplina establecida. El jefe del campamento tenía el rango de teniente, y estaba asistido por subtenientes o aspirantes. Estos hombres eran generalmente simpáticos y no estaban adoctrinados por la ideología vichista, algunos incluso mostraban abiertamente hostilidad hacia Pétain.

Todavía recuerdo, al momento de mi partida, el jefe del campamento, conociendo mi situación como judío, me ofreció su ayuda si la necesitaba en el futuro, una propuesta que significaba mucho, especialmente en esos tiempos inciertos. Aunque nunca tuve que recurrir a él, su oferta permaneció en mi memoria como un gesto de solidaridad. Los Chantiers de Jeunesse debían encarnar uno de los elementos centrales de la Revolución Nacional promovida por Vichy, destinados a formar y educar a la nueva juventud francesa.

En teoría, se trataba de acercar a estos jóvenes a la tierra y al trabajo, pero las realidades prácticas y las dificultades diarias, así como las actitudes de los responsables del campamento, a menudo eclipsaban estos objetivos teóricos. De hecho, durante los primeros meses después de la derrota francesa en 1940, el régimen de Vichy aún estaba instaurando su política y sus programas. En cuanto a nuestra experiencia en los Chantiers de Jeunesse en ese momento, se puso énfasis en la gestión de preocupaciones inmediatas y prácticas como el acondicionamiento del campamento, el establecimiento del suministro de agua y otras infraestructuras esenciales.

Las actividades de adoctrinamiento político, si se planeaba que se convirtieran en una parte del programa, aún no se habían implementado o al menos no de manera perceptible para nosotros. Era solo el comienzo de la Revolución Nacional, y la infraestructura y organización eran prioridades más apremiantes.

En cuanto al estatuto de los judíos, promulgado en octubre de 1940, el eco de esta legislación discriminatoria no resonó inmediatamente en la vida cotidiana de nuestro campamento. Estábamos ocupados con el trabajo físico y la vida comunitaria, y los permisos de fin de semana me permitían reunirme con mi familia, ofreciendo un escape de los problemas políticos y una oportunidad para intercambiar información sobre la situación con mis padres.

Para ir a Montpellier y reunirme con mi familia los fines de semana, tenía que encontrar un camión que fuera a Lodeve y luego tomar un pequeño tren de montaña. Era una feliz coincidencia estar geográficamente cerca de mis padres. Estos reencuentros eran valiosos, no solo por cuestiones prácticas como la ropa y el suministro de alimentos, sino principalmente por el apoyo moral y la información que podían darme sobre la evolución de la situación para la comunidad judía.

Durante el período que incluía las festividades de Rosh Hashanah y Yom Kippur en septiembre de 1940, pude obtener permisos que me permitieron ir a Montpellier y participar en las celebraciones organizadas en la ciudad. Un gran almacén fue proporcionado por un hombre de negocios, Elie Cohen, quien se destacó por su excepcional generosidad. Ofreció su almacén de telas para que la comunidad de refugiados judíos pudiera reunirse y orar allí.

La organización de estas reuniones fue dirigida por el capellán militar y rabino, Henri Schilli, cuyo liderazgo y palabras tuvieron una influencia significativa y un impacto duradero en mí, aunque no tuve la oportunidad de involucrarme más con él en ese momento. La presencia y atmósfera de estos momentos compartidos con la comunidad judía dejaron una huella profunda en mi conciencia.

Mis padres, alojados en una casa amueblada en la rue du Pont Juvenal cerca de la estación de Montpellier, formaban parte de una importante comunidad de refugiados que incluía familias de diferentes regiones, como Saint-Dié y Luxemburgo. Esta casa tenía alrededor de veinte apartamentos y se había convertido en un punto de encuentro para estas familias en busca de un santuario en medio de las turbulencias de la guerra.

La vida comunitaria en Montpellier era rica y el apoyo mutuo era central. Fue en esta comunidad donde me integré después de mi liberación del chantier de jeunesse, a principios de 1941. Esto marcó un nuevo capítulo en mi vida, un momento en el que pude involucrarme más profundamente en la vida judía local y estar en primera línea para presenciar los efectos de la política antisemita del régimen de Vichy sobre la comunidad de refugiados.

Cuando regresé a Montpellier en febrero de 1941, la comunidad de refugiados judíos se enfrentó a las nuevas realidades impuestas por el régimen de Vichy a través del estatuto de los judíos. Para muchos, como refugiados recién llegados y aún no integrados profesionalmente en la región, estas medidas no tuvieron un impacto tan directo como en profesiones más establecidas como los maestros o funcionarios públicos.

Sin embargo, una de las consecuencias más palpables del estatuto de los judíos fue la introducción del numerus clausus en las universidades, que restringió el acceso a la educación superior para muchos estudiantes judíos. Este elemento discriminatorio creó dificultades para aquellos que deseaban emprender o continuar sus estudios y, por lo tanto, representaban una parte del futuro de la comunidad judía.

A pesar de estas restricciones, la resiliencia de la comunidad judía de Montpellier era evidente. La familia Winter, por ejemplo, que había tenido un negocio de telas en Estrasburgo, logró reabrir una tienda y se esforzó por mantener cierta estabilidad económica mientras ofrecía un apoyo notable a los refugiados judíos. Su casa se convirtió en un punto de encuentro y un lugar de consuelo para muchos.

En cuanto al movimiento de los Éclaireurs Israélites (EI), continuó desempeñando un papel clave para la juventud judía de la ciudad, con Raymond Winter y mi hermana Simone involucrándose en el liderazgo de los grupos de exploradores y exploradoras. Paralelamente, la Jeunesse Juive de Montpellier (JGM), dirigida por André Blum, también refugiado, reflejaba la determinación de los jóvenes a pesar de las restricciones impuestas por el numerus clausus. André Blum había logrado inscribirse en medicina en la facultad de Montpellier.

En este difícil contexto, la adaptabilidad y el apoyo comunitario eran esenciales para mitigar los impactos de las políticas antisemitas y mantener un vínculo social y cultural duradero dentro de la población judía refugiada. Cuando se desmovilizaron los Chantiers de Jeunesse en enero, no fui particularmente celebrado ni honrado. Simplemente me entregaron un certificado de liberación y me desearon buena suerte para el futuro. Recuerdo las palabras del teniente que me expresó su apoyo personal y ofreció su ayuda si alguna vez la necesitaba. Fue un gesto dirigido a mí como individuo, no representativo de una institución o un sentimiento general.

En cuanto al antisemitismo, no sentí hostilidad específica o discriminación abierta en el marco de los chantiers. Que yo supiera, yo era el único judío en mi sección, que contaba aproximadamente con 120 personas. De vuelta en Montpellier, la cuestión era qué camino tomar, especialmente en el contexto limitado de oportunidades que se presentaba. La situación era compleja, con horizontes profesionales y personales inciertos bajo el régimen de Vichy, especialmente para un joven judío como yo.

CAPÍTULO 5

Organizándose bajo Vichy

Después de mi partida del chantier de jeunesse a principios de 1941, me enfrenté a un futuro incierto. Sin bachillerato, el acceso a la educación superior estaba de todos modos bloqueado para mí, especialmente porque las restricciones impuestas por el régimen de Vichy habrían hecho improbable la entrada a la universidad para un judío como yo. Era una época agitada, marcada por noticias de la guerra en el norte de África y en Siria. Los enfrentamientos alrededor de Bengasi, con sus ofensivas y contraofensivas, capturaban nuestra atención y tratábamos de seguir la evolución del conflicto con los medios de información disponibles, a pesar de la censura.

Escuchábamos clandestinamente la radio de Londres y la France Libre, emisiones que estaban formalmente prohibidas por el gobierno de Vichy. A pesar del peligro, en nuestro círculo, la escucha de estos boletines a las 9 de la noche se había convertido en una rutina, un momento sagrado donde nos manteníamos informados. Estas emisiones nos traían noticias del mundo exterior y representaban un apoyo moral, un vínculo con las fuerzas que luchaban contra la ocupación nazi.

Sin embargo, el optimismo estaba temperado por la realidad de la situación. Éramos conscientes de que los alemanes estaban lejos de estar en retirada; al contrario, su ofensiva contra Inglaterra continuaba con vigor. Los periódicos, controlados por las autoridades de Vichy, transmitían esta propaganda y teníamos que leer entre líneas para intentar entender lo que realmente estaba sucediendo. En este contexto, y a pesar de la incertidumbre, buscábamos mantenernos firmes, encontrar maneras de continuar nuestra vida mientras esperábamos un desenlace favorable a este oscuro período de la historia.

La información que recibíamos por la radio, aunque ofrecía una visión del exterior y cierto consuelo, no siempre era suficiente para contrarrestar la omnipresencia de la guerra y sus consecuencias en nuestra vida cotidiana. Sabíamos que los desafíos eran considerables y que el resultado de la guerra sería determinante para nuestro futuro. Nuestros días giraban principalmente en torno a la gestión de las necesidades básicas y las restricciones impuestas por el ocupante y el régimen de Vichy. Nuestra preocupación principal residía en la búsqueda de alimentos: las largas colas para obtener verduras y otros productos, obtener boletos de pan y hacer fila para la leche representaban una parte significativa de nuestro tiempo.

A pesar de este entorno opresivo, considerábamos el futuro con esperanza gracias a las perspectivas de emigración. Un tío, hermano de mi abuela, que vivía en los Estados Unidos, estaba dispuesto a enviarnos affidavits, documentos necesarios para entrar al país. Así, mis padres comenzaron a considerar seriamente la opción de emigrar. En anticipación, me dediqué al aprendizaje del inglés para prepararnos para una posible nueva vida lejos de la guerra y las persecuciones, con la esperanza de encontrar seguridad y estabilidad.

El aprendizaje del inglés se convirtió en uno de mis principales objetivos, tanto para mi desarrollo personal como en la perspectiva de emigrar a los Estados Unidos, que se perfilaba como un posible camino hacia la libertad. Mi padre y yo hicimos varios viajes a Marsella para visitar el consulado estadounidense con la esperanza de avanzar en nuestro proceso de inmigración, aprovechando el hecho de que Estados Unidos aún no había entrado en guerra y que un consulado todavía operaba en suelo francés.

Sin embargo, la obtención de los affidavits y visas necesarios resultó ser un camino lleno de obstáculos. Los trámites administrativos estaban considerablemente ralentizados por la alta demanda y los procedimientos burocráticos. Las colas eran largas, y no era raro tener que volver otro día cuando nuestro turno llegaba demasiado tarde y el consulado cerraba sus puertas.

Este proceso se extendió a lo largo de 1941 y 1942, y lamentablemente, cuando finalmente llegaron los affidavits, ya era demasiado tarde. El 8 de noviembre de 1942, los alemanes habían invadido la zona libre de Francia y las restricciones de movimiento se habían intensificado, haciendo la emigración imposible. Todos nuestros esfuerzos y esperanzas de dejar Francia se esfumaron ante el avance de las tropas alemanas, y nadie podía salir del país, ya tuviera visa o no. Todo a lo que nos habíamos dedicado resultó en vano.

El aprendizaje de idiomas se convirtió en un aspecto positivo y duradero de este período de incertidumbre. Aunque nuestros planes de emigrar a Estados Unidos fracasaron, el inglés que aprendí en ese momento se quedó conmigo. Con la esperanza cambiante y los visas demorándose en llegar, el español se sumó a mi aprendizaje, alimentando una nueva estrategia de escape: pasar ilegalmente por España para unirse a las Fuerzas Francesas Libres del general de Gaulle en Inglaterra. Incluso comencé a enseñar español a algunos estudiantes, permitiéndome compartir mis nuevas habilidades lingüísticas.

CAPÍTULO 6

Profundización del judaísmo

Durante este periodo, también amplié mi comprensión del judaísmo. En Montpellier, descubrí una comunidad sefardí activa que practicaba su culto en una pequeña oficina, adaptada a su tamaño durante todo el año. Este entorno íntimo ofrecía un lugar donde un compromiso armonioso entre sefardíes y ashkenazíes, estos últimos recién llegados, permitía una coexistencia serena.

Durante las grandes festividades judías, las celebraciones sefardíes se realizaban de manera distinta, de acuerdo con sus tradiciones. Tenían su propia oficina que atendía a sus necesidades específicas. Este descubrimiento de otra forma de vivir el judaísmo, diferente a la que conocía en Alsacia o Estrasburgo, enriqueció mi visión de la religión y la cultura judía, agregando una nueva dimensión a mi identidad como judío.

Durante varios meses, continué estos cursos de idiomas con vigor. También tuve la suerte de recibir enseñanzas de un judío de origen polaco que me transmitió un conocimiento profundo de la gramática hebrea y del hebreo en sí. Amigos de mi edad que compartían estos intereses y este entusiasmo por el aprendizaje se unieron a mí, y juntos desarrollamos cierta fluidez y un oído para el hebreo, lo cual resultó crucial para mi capacidad futura de entender y expresarme en este idioma.

Este período de intensivo aprendizaje lingüístico no era solo una adquisición de habilidades pedagógicas, sino también una verdadera redescubrimiento y afirmación de mi identidad judía. Esto se producía en un contexto donde las cuestiones identitarias estaban intrínsecamente ligadas a los eventos históricos y a una conciencia colectiva creciente entre los judíos de todo el mundo.

La cuestión de si esto era parte de una orientación sionista o simplemente un redescubrimiento de la identidad judía puede ser difícil de desentrañar, ya que estos conceptos tienden a superponerse, especialmente en el contexto de la época. El aprendizaje del hebreo tomó una dimensión simbólica y práctica, tanto como una forma de conectarse con una historia y cultura milenarias, como una posible preparación para el uso futuro del idioma en un contexto sionista, si se presentaba la oportunidad o la necesidad de la aliyá (emigración a la Palestina judía, que más tarde se convertiría en Israel).

Esta etapa fue marcada por una verdadera revelación: descubrí otra cara del judaísmo, muy distinta de la que había conocido durante mi tierna infancia. Conocí a judíos replegados de París, de origen polaco, y especialmente a judíos sefardíes de la antigua comunidad de Montpellier, la mayoría de origen salónica, es decir, de la ciudad de Tesalónica, en Grecia.

Cuando digo "sefardíes", debo aclarar que este término no se refiere aquí a los judíos del norte de África, aunque comúnmente se usa en ese sentido. Los sefardíes a los que me refiero provenían de una corriente muy específica de la historia judía, relacionada con el Imperio otomano y los intercambios culturales del mundo mediterráneo.

Una figura que captó especialmente mi atención fue Elie Cohen, un próspero comerciante de Montpellier. Como muchos otros miembros de esta comunidad sefardí, había recibido educación de la Alliance israélite universelle, una organización francesa que había creado una red de escuelas en favor de los judíos del Oriente. Así, a pesar de sus orígenes orientales, estos judíos eran perfectamente francófonos e integrados plenamente en la vida local francesa.

Al enfrentarme a estas diferentes facetas del judaísmo, me di cuenta de cuán específica y limitada era mi experiencia de la vida judía como judío de Alsacia. Nuestras vidas estaban principalmente centradas en nuestra integración como judíos franceses en una región particular de Francia, en el yiddish hablado en casa o en reuniones comunitarias, en las tradiciones y ritos particulares practicados durante las festividades religiosas.

Por otro lado, la vida judía de las personas originarias del este de Europa parecía estar mucho más arraigada en una conciencia judía global, más independiente del contexto nacional o regional. Su identidad judía estaba en el corazón de su existencia, no solo una componente entre otras. Conocí a personalidades fascinantes entre ellos, como el magistrado Gnoun, que había perdido su trabajo debido a la aplicación del estatuto de los judíos, o el presidente Uziel, un nombre típicamente sefardí de Salónica.

Pero más que un choque cultural, este encuentro con otras formas de judaísmo también fue un despertar espiritual e intelectual para mí. Por primera vez, tomé conciencia de la extensión de mi propia ignorancia en materia de judaísmo. Esto despertó en mí un profundo deseo de aprender y profundizar en la historia y la cultura judías.

Fue el rabino Schilli quien, con su paciencia y apertura, despertó en mí este deseo de aprender. Esto marcó un punto de inflexión en mi trayectoria, un momento en que comencé a abrirme a horizontes mucho más amplios.

Cada sábado por la noche, nos reuníamos con el grupo de la Juventud Judía de Montpellier, y los domingos salíamos en excursiones grupales. A cada uno de nosotros se nos encargaba realizar exposiciones sobre diferentes temas. Me pidieron que hiciera una exposición sobre Maimónides. Consulté la biblioteca y encontré el libro de Munk sobre Maimónides, una obra en francés del siglo pasado. La preparación de esta exposición, aunque fue muy torpe y básica, me permitió descubrir a Maimónides y abrirme a otro aspecto del judaísmo.

Naturalmente, también discutíamos sobre Palestina, el sionismo y un conjunto de otros temas relacionados con el mundo judío. Esto nos ayudó a ampliar nuestros horizontes y a comprender mejor la amplitud y la complejidad de la experiencia judía.

CAPÍTULO 7

Aprende a hacer zapatos

Durante este período, también hubo un grupo de jóvenes sionistas en Montpellier. Sin embargo, la Jeunesse Juive de Montpellier reunía un poco todas las tendencias y constituía un microcosmos de la diversidad judía. Estos años fueron fundamentales para formar la base de mi conciencia judía y alimentar mi deseo de aprender más sobre la cultura e historia judías.

Así, cada grupo tenía sus propias actividades particulares, pero también participaban en las actividades de la Jeunesse Juive de Montpellier. Esto creaba cierta forma de unidad, lo cual era extremadamente positivo. Sin embargo, esto no era suficiente para aclarar la dirección que debía tomar mi futuro.

Con los consejos y el acuerdo de mis padres, decidí integrarme en la escuela profesional de Romand, en la Drôme, para aprender la fabricación manual de zapatos. Dada la incapacidad de los judíos para acceder a estudios o al comercio debido a las restricciones impuestas por el estatuto de los judíos, parecía necesario encontrar una manera de ganarse la vida. Nadie sabía cuánto duraría la guerra, ni por cuánto tiempo estaría en vigor el estatuto de los judíos. Por lo tanto, era importante prepararse para el futuro y desarrollar habilidades y conocimientos que serían útiles en cualquier circunstancia.

Así que esta fue la solución adoptada. El 1 de enero de 1942, partí hacia Romans, en la Drôme. La familia de mi primo, Hubert Hallel, vivía en Montélimar en ese momento. Después de dejar Gérardmer tras el colapso, habían estado unos meses en París antes de instalarse en Montélimar. Durante seis meses, aprendimos a fabricar zapatos a mano, es decir, el arte de la zapatería, con hilo encerado y la confección de zapatos a partir de trozos de cuero.

En el verano de 1942, contacté con una fábrica de zapatos en La Tour-du-Pin, que había sido proveedora de mi padre, para ver si podía hacer una pasantía de dos meses en su empresa. Mi intención era continuar mi aprendizaje de zapatería en la escuela de Nîmes.

En Nîmes, cerca de Montpellier, comencé un capítulo importante de mi vida: mi aprendizaje en el arte del calzado. Era una escuela profesional combinada con un taller de fabricación a máquina. Elegí este lugar para iniciarme en las máquinas, una fábrica ubicada en La Tour-du-Pin, en Isère. El verano de 1942, pasé allí dos meses, un período crucial y formativo.

Allí no fabricaba zapatos terminados, sino más bien prototipos. Mis días se dedicaban a aprender lo básico: cortar suelas con precisión usando el tranchet, preparar cuidadosamente la ranura para la costura, hacer agujeros con el punzón para el paso del hilo encerado. Cada gesto era un aprendizaje fundamental, dotándome de un valioso conocimiento artesanal.

Aunque este aprendizaje era extremadamente enriquecedor, a menudo me preguntaba hacia dónde llevaría este camino. ¿Era un fin en sí mismo o simplemente un paso hacia algo más grande? A pesar de estas preguntas, sabía en el fondo que estas habilidades, estos momentos pasados moldeando prototipos de zapatos, formarían parte de mi identidad y mi trayectoria.

Era el verano de 1942. En ese momento, en Francia, habían comenzado las primeras redadas de extranjeros. Nosotros estábamos directamente afectados. Cuando regresé a Montpellier a finales de agosto de 1942, estas redadas ya habían tenido lugar. Muchos judíos habían sido arrestados, aunque algunos lograron esconderse. Recuerdo un evento en particular: un viaje al campo de concentración, o más bien al campo de reunión de Agde, situado a unos treinta o cuarenta kilómetros de Montpellier. Nos habían pedido recolectar alimentos de los miembros de nuestra comunidad - galletas, frutas secas, chocolate, todo lo que fuera posible - para llevarlos a los internados en el campo de Agde.

El rabino Schilly nos había organizado, a algunos jóvenes y a mí, una visita a

los internados del campo de Agde. Una de las imágenes más impactantes de esa visita, que nunca olvidaré, fue la de un tren listo para partir hacia Drancy. En la puerta de un vagón, un hombre que reconocí de los oficios en Montpellier estaba de pie, envuelto en su Talit, con Tefilín en la cabeza, en plena oración. Esta imagen está grabada en mi memoria.

Distribuimos los alimentos que habíamos llevado. En ese momento, aún no sabíamos nada de la "solución final", pero sabíamos que el destino de las personas llevadas no sería envidiable. No sabíamos quién volvería ni en qué estado regresarían los sobrevivientes.

Nuestras acciones, como las colectas y visitas al campo de Agde, no se limitaban al contexto de la Gran Redada. Eran parte de un esfuerzo más amplio, involucrando a varios organismos e individuos. Las actividades en campos como Agde, Rivesaltes y Gurs eran organizadas por varias entidades, incluyendo la OSE (Œuvre de Secours aux Enfants) y otras organizaciones dedicadas a la ayuda. Entre las figuras destacadas estaban la capellanía de los campos, el gran rabino Hirschler, que fue deportado, y el gran rabino Schilli, ambos muy activos en este trabajo.

En cuanto a nuestro grupo de estudios de Montpellier, no estábamos involucrados como un grupo formal. No había una separación estricta en nuestras acciones; cuando surgía una necesidad, se llamaba a todos los que podían ayudar. Así, las personas disponibles y dispuestas a participar lo hacían, sin distinción de pertenencia a un grupo u otro.

No conocí personalmente a personas que hubieran escapado de los campos de Agde o Gurs. Generalmente, aquellos que lograban escapar de estos campos eran inmediatamente escondidos en lugares alejados de las ciudades por razones de seguridad.

Un actor clave en la liberación de personas de los campos fue el rabino Richelieu. Tenía contactos influyentes, especialmente a través de su conocimiento de cierto Camille Ernst, secretario general de la prefectura de Montpellier. Ernst, un hombre de notable dedicación, jugó un papel crucial en la obtención de numerosas liberaciones de estos campos, que estaban bajo su jurisdicción administrativa. Gracias a sus esfuerzos, muchas personas, especialmente judíos, pudieron ser liberadas y le deben su vida. Su contribución excepcional fue reconocida en 1972, cuando fue honrado en Yad Vashem, el Memorial del Holocausto en Jerusalén, con la medalla de los Justos entre las Naciones por su ayuda preciosa y su coraje.

Era consciente de que las redadas apuntaban principalmente a los judíos extranjeros, pero la situación nos concernía a todos. En Montpellier, muchos judíos extranjeros estaban escondidos. Mi primera implicación en las actividades clandestinas data de septiembre de 1942, cuando comencé a llevar comida a judíos ocultos.

CAPÍTULO 8

Inicio de actividades clandestinas

En aquel tiempo, la actividad clandestina apenas comenzaba a organizarse. Raymond Winter, el responsable de los Scouts Judíos (Éclaireurs Israélites, EI), ya estaba involucrado en la provisión de falsas tarjetas de identidad para aquellos que se escondían. Era el comienzo de esta actividad en nuestra área.

Estos esfuerzos dependían de la 6ª dirección de los EI, que era parte de una estructura más amplia de obras judías. Esta 6ª dirección estaba a cargo de la educación, y servía, al menos nominalmente, como cobertura para las actividades clandestinas de los EI. Estas actividades eran cruciales para ayudar y proteger a aquellos en peligro debido a las políticas de la época.

La "sexta" era parte de los Scouts Judíos (EI) y era una organización de resistencia creada y animada por ellos. Paralelamente a sus actividades de resistencia, los EI gestionaban una red de granjas-escuelas destinadas a proporcionar educación, un aspecto a menudo mencionado en la literatura sobre este período.

En lo que respecta a la distribución de alimentos o la ayuda a los refugiados ocultos, mi papel consistía en recoger bidones de comida preparados en un lugar específico y luego llevarlos a los escondites de los judíos en fuga. También tenía que transmitir mensajes o solicitudes de los responsables que gestionaban estos escondites. Este trabajo era una parte esencial de la ayuda a los que estaban ocultos, permitiéndoles permanecer fuera de la vista mientras recibían el apoyo necesario para sobrevivir en estos tiempos difíciles.

Tenía direcciones precisas. El número de personas a las que proporcionaba alimentos no era muy alto; personalmente, era responsable de tres personas a las que llevaba comida durante algunos días antes de partir hacia Nîmes. Luego, pasé mis responsabilidades a otra persona que tomó el relevo.

Existía una organización central, cuyos detalles no recuerdo, encargada de encontrar los ingredientes necesarios, preparar las comidas y hacerlas listas para ser distribuidas. Mi rol era simplemente recoger estas comidas preparadas y llevarlas a las personas ocultas.

Por mi parte, partí a principios de octubre hacia Nîmes para unirme a la escuela de fabricación de zapatos. Esto marcó un cambio en mi compromiso durante ese período. En Nîmes, donde fui después, el año escolar ya había comenzado. Mi experiencia allí fue una nueva etapa en mi trayectoria durante ese tiempo.

El 8 de noviembre de 1942 marca un punto de inflexión crucial: el desembarco aliado en el norte de África. Tras este evento, los alemanes invadieron la zona sur de Francia, que hasta entonces había ofrecido una relativa protección a los judíos franceses. Esta invasión cambió la situación, poniéndonos directamente en peligro frente a la presencia alemana y la Gestapo.

Frente a esta nueva amenaza, dejé Nîmes inmediatamente para regresar a Montpellier. Allí, surgió una pregunta urgente: ¿qué hacer ahora? La conclusión fue que debíamos intentar huir a España antes de que los alemanes alcanzaran la frontera. Raymond Winter, a quien mencioné anteriormente, conocía a un contrabandista que podía ayudarnos.

Así, la mañana del 8 de noviembre, regresé a Montpellier, y solo tres horas después, ya estábamos en un tren hacia Perpiñán, listos para intentar cruzar a España, buscando escapar de la ocupación alemana.

Raymond Winter, André Blum (estudiante de medicina), yo mismo, y uno o dos jóvenes más cuyos nombres no recuerdo, formamos un pequeño grupo en este intento de fuga. Nuestra llegada a Perpiñán coincidió desafortunadamente con la llegada de las tropas alemanas. El contrabandista, cuya dirección tenía Raymond Winter, era inalcanzable.

Ante esta situación delicada y la incertidumbre de encontrar otro contrabandista confiable y seguro, decidimos no continuar nuestro intento de cruzar a España. Así que optamos por regresar a Montpellier, aceptando este fracaso.

Este intento de fuga era una iniciativa totalmente privada, sin vínculo

con ninguna organización o movimiento. Como anécdota, durante nuestra breve estancia en Perpiñán, visitamos a mis primos que todavía vivían allí. Tuvimos la oportunidad de compartir una pequeña cena con ellos y refrescarnos antes de tomar el tren nocturno de regreso a Nîmes. Fue un momento de respiro en un período marcado por la incertidumbre y el peligro.

De hecho, durante nuestra estancia en Perpiñán, no intentamos otras gestiones para encontrar un contrabandista. Nos faltaba información y contactos en el lugar. Además, siendo extranjeros en Perpiñán, no teníamos conocimientos locales que pudieran ayudarnos. Incluso pregunté a mi primo si conocía a alguien, pero no pudo ayudarnos.

Era esencial tener una dirección confiable y garantías de seguridad. Sin ellas, el riesgo era demasiado alto de caer en manos de alguien sin escrúpulos que pudiera entregarnos directamente a la policía. Desafortunadamente, muchos intentos de cruzar a España terminaron en arrestos, encarcelamientos e incluso traslados al campo de Drancy, a menudo después de sufrir torturas.

En ese contexto, nuestra decisión de no continuar nuestro intento y regresar a Montpellier, luego a Nîmes, aunque triste, fue probablemente la más sabia. La situación era extremadamente peligrosa y era crucial no actuar precipitadamente sin garantías de seguridad.

Respecto a los prisioneros de guerra franceses en Alemania durante la Segunda Guerra Mundial, había judíos entre ellos. De hecho, alrededor de un millón de soldados franceses, incluyendo un número significativo de judíos, estaban detenidos como prisioneros de guerra.

Lo que es notable, y casi inexplicable, es que estos judíos, aunque en uniforme francés y detenidos en campos de prisioneros en Alemania, sobrevivieron los cinco años del régimen hitleriano sin sufrir persecuciones específicas como judíos. Generalmente, regresaron a casa sanos y salvos. Esta situación es excepcional y desconcertante, ya que difiere notablemente del destino trágico que sufrió la mayoría de los judíos bajo el régimen nazi.

Esta anomalía, que permanece en gran parte inexplicada, es considerada por muchos como un evento milagroso en un período marcado por una gran brutalidad y persecución intensa de los judíos. No hay una explicación clara para esta "anomalía benéfica", lo que añade una capa de misterio a la historia compleja y a menudo oscura de esa época.

Entre los numerosos prisioneros de guerra judíos, tenía tres primos, tres hermanos. Uno de ellos tuvo la suerte de ser repatriado en 1942 y pudo reunirse con su familia, mientras que los otros dos permanecieron cautivos hasta el final de la guerra. Estos prisioneros tenían la posibilidad de recibir paquetes de sus familias, gracias a fichas de dirección que les enviaban. Estos paquetes eran un apoyo crucial para ellos durante su cautiverio, y su familia hizo todo lo posible por enviar todo lo que podía.

En 1942, también se impuso la obligación a los judíos de presentarse en la comisaría de policía para hacer estampar un sello "Judío" en sus tarjetas de identidad. Debido a una falta de sellos oficiales, algunos lugares utilizaban una inscripción a mano, como se puede ver en mi propia tarjeta de identidad. Esta medida era otra manifestación del horror y la discriminación sistemática que los judíos tenían que soportar en esa época, un recordatorio tangible de la opresión sufrida bajo el régimen nazi y de la colaboración de la administración francesa.

En Nîmes, a principios del invierno de 1942, mi vida giraba en torno a varias actividades. Por supuesto, estaba el aprendizaje en la escuela de fabricación de zapatos, que, aunque poco anecdótico, formaba parte de mi rutina diaria. Paralelamente, participaba activamente en el movimiento juvenil, lo que constituía otra faceta importante de mi vida en ese período.

Un aspecto particularmente enriquecedor de mi estancia en Nîmes fue mi encuentro con el rabino Soal. Gracias a él, tuve la oportunidad de continuar mis estudios y perfeccionarme en varios campos de los estudios judíos. En particular, el rabino Soal me enseñó la liturgia de las fiestas, un aspecto de la práctica y la cultura judías que me interesaba mucho.

Este período en Nîmes, a pesar del contexto difícil de la guerra y la ocupación, representaba un momento de crecimiento personal y compromiso en mis estudios y en la vida comunitaria judía.

Antes de mi estancia en Nîmes, en Montpellier, teníamos un hazán (cantor) notable, proveniente de la pequeña comunidad de Insvillers en Alsacia. Su nombre era Monsieur Roth. Desempeñaba un papel importante en nuestra comunidad, especialmente enseñando la tefilá (oración) a un grupo de jóvenes, incluyéndome.

Monsieur Roth nos transmitió los fundamentos de la tefilá de manera profunda y metódica. Gracias a esta enseñanza, aquellos de nosotros que tuvimos el privilegio de seguir sus cursos pudimos, a su vez, enseñar la oración a otros estudiantes. Su enseñanza no se limitaba a la

simple recitación de las oraciones; implicaba una comprensión más profunda de su significado y su papel en nuestra práctica religiosa.

Monsieur Roth también estaba involucrado en la vida musical de la comunidad. Había organizado un pequeño coro para acompañar las celebraciones de las fiestas, donde él y su padre, también hazán, dirigían la ejecución de las tefilot. Esta experiencia no solo enriqueció mi comprensión de la liturgia judía, sino que también creó un sentimiento de comunidad y compartición en torno a la tradición y la cultura judías en Montpellier.

Cuando tuve que presentarme en la prefectura para hacer estampar el sello "Judío" en mi tarjeta de identidad, recuerdo un sentimiento profundamente desagradable. La naturaleza exacta de mis emociones en ese momento es difícil de expresar, pero fue una experiencia lejos de ser agradable.

Conscientemente, reaccioné rápidamente a esta situación declarando mi tarjeta de identidad perdida. Esto me permitió obtener una nueva, sin el sello "Judío". Esta nueva tarjeta se convirtió en mi principal documento de identificación para mis desplazamientos. Nunca utilicé ni mostré la tarjeta marcada con el sello "Judío".

Esta estrategia era una forma de navegar en un contexto donde la estigmatización y los peligros eran omnipresentes para los judíos. Refleja los desafíos diarios a los que teníamos que enfrentarnos y las medidas que debíamos tomar para preservar nuestra seguridad en la medida de lo posible.

Durante el invierno en Nîmes, a pesar de la presencia alemana y el toque de queda impuesto cada noche, la vida transcurría con relativa calma. Un elemento destacado de este período fue la presencia del gran rabino Ernest Weil, Zerech Tzadik Livracha, de Réguisheim. En su gran apartamento, organizaba cada mañana una tefilá (oración).

Recuerdo claramente que mi primo Hubert y yo participábamos regularmente en estas oraciones matutinas en casa del gran rabino Ernest Weil. Estos momentos eran especiales, reuniendo a un grupo de judíos de todas las procedencias. Era un período en el que la comunidad judía, a pesar de las circunstancias difíciles, encontraba la manera de reunirse y mantener sus tradiciones y prácticas.

Había aprendido a leer ciertos elementos de la Torá y, entre los jóvenes, organizábamos una tefilá para la tarde del Shabat. Estas reuniones me daban la oportunidad de poner en práctica mis conocimientos adquiridos. Era importante para mí, ya que me permitía contribuir a la vida religiosa de nuestra comunidad y fortalecer mi vínculo con mi fe y mi cultura en estos tiempos inciertos.

Respecto a la noción de "hazara b'tchouva" (retorno a la fe), no calificaría mi experiencia en Nîmes como hazara b'tchouva en el sentido estricto. Más bien, la consideraría como un proceso de adquisición de conocimientos que naturalmente condujo a una evolución en mi práctica y comportamiento.

Este proceso era más que una simple adquisición de conocimientos teóricos. Implicaba una aplicación práctica de lo que aprendía. Esto afectaba la forma en que vivía mi fe a diario, aunque no observara todas las mitzvot (mandamientos). Era un camino gradual hacia una mayor observancia y una comprensión más profunda de mi religión y sus prácticas.

En este sentido, lo que viví fue un acceso al conocimiento religioso, acompañado de un compromiso creciente con las prácticas y tradiciones judías. Era un camino personal hacia una práctica religiosa más profunda y comprometida, influenciado por las circunstancias y el entorno en el que me encontraba en ese momento.

En la primavera de 1943, me enfrenté a una misión delicada. Jean-Jacques Rhein, el responsable de la 6ª sección en Nîmes, me había abordado para una tarea especial. Se trataba de escoltar a dos jóvenes, un chico y una chica, extranjeros en nuestro país y que hablaban muy poco francés. Habían recibido documentos falsos, atestiguando una identidad no judía. Esta precaución se había vuelto necesaria en Niza y sus alrededores, tras un cambio sorprendente e imprevisto.

La situación había evolucionado radicalmente cuando los alemanes cruzaron la zona libre el 8 de noviembre de 1942. En esta nueva configuración, los italianos controlaban una porción de la zona, extendiéndose del Ródano a los Alpes. Nuestro viaje hacia Niza, entonces bajo ocupación italiana, estaba lleno de incertidumbre y peligros.

CAPÍTULO 9

Clandestinidad en Niza

La zona que debíamos atravesar estaba esencialmente bajo el control del ejército italiano. Mientras tanto, los alemanes mantenían su dominio sobre la frontera suiza y la región de Marsella, aunque la influencia italiana comenzaba un poco al este de Marsella, después de Tolón, abarcando especialmente Niza.

Lo que distinguía particularmente a los italianos en este contexto era su actitud hacia los judíos. A diferencia de los alemanes y de la policía francesa, ofrecían una forma de protección. Esta política había creado un refugio, atrayendo a numerosos judíos amenazados hacia esta zona de seguridad, que incluía Niza y sus alrededores, así como otras regiones como Grenoble, Megève y Saint-Gervais.

Este refugio parecía casi irreal en el caos de la guerra, pero se había convertido en un rayo de esperanza para muchos. Sabía que nuestro viaje hacia esta zona, aunque lleno de obstáculos, era vital para la seguridad de estos dos jóvenes que acompañaba. Pronto, compartiré más sobre nuestro viaje hacia estas ciudades, especialmente Saint-Gervais.

Viajé en tren con estos dos jóvenes, atravesando una zona controlada por los alemanes, un paso peligroso entre Marsella y Aubagne. Afortunadamente, el control se realizó sin incidentes mayores. A nuestra llegada a Niza, tenía en mano una dirección precisa, el 30 boulevard Dubouchage. Allí, me enfrenté a una escena totalmente nueva para mí. Grupos de judíos se reunían en la calle, hablando yiddish y participando en animadas discusiones. El lugar, una sinagoga, estaba repleto de actividad intensa. El propietario, descontento con esta agitación, había reprendido a los líderes por transformar este lugar de oración en una especie de estación. De hecho, se había convertido en un punto de encuentro para los judíos que llegaban a Niza.

La propia ciudad me cautivó. Era primavera, y Niza desplegaba toda su belleza. Allí, comencé a considerar la posibilidad de no pasar mis últimos días en Nîmes, atraído por el encanto y la vitalidad de esta nueva ciudad. De regreso en Nîmes, me enfrenté a una nueva tarea. La comunidad judía local necesitaba matzá, estos panes ácimos tradicionales de la Pascua judía, que no se encontraban en Nîmes pero sí estaban disponibles en Niza. Habiendo viajado ya a Niza, me pidieron que volviera para traerlos.

Antes de continuar, debo retroceder un poco. Después del 8 de noviembre de 1942, con la ocupación de la zona libre por parte de los alemanes, la situación en Nîmes, especialmente para los refugiados judíos, se volvió precaria. El temor se apoderó de la comunidad. Muchos huyeron, incluyendo a mis padres. Dejaron la ciudad con vecinos, refugiándose en un camión para llegar a un pequeño pueblo en Aveyron llamado Camarès.

Estos eventos marcaron un punto de inflexión en la vida de nuestra pequeña comunidad. Ante estos cambios, me encontré equilibrando mis responsabilidades en Nîmes y mis viajes a Niza, evidenciando la incertidumbre y la precariedad de esa época. Mis padres y mi hermana, enfrentándose a la necesidad de huir, llevaron tantas de sus pertenencias como pudieron. Encontraron refugio en Camarès, en Aveyron, donde alquilaron un pequeño amueblado. Allí, no estaban solos; otras familias judías se habían instalado, algunas huyendo al mismo tiempo que ellos. Con la llegada de la Pascua, estas familias, al igual que las de Nîmes, necesitaban matzá.

En este contexto, asumí la responsabilidad de conseguir matzá para ellos. Así que volví a Niza, comprando estos panes ácimos en una gran cesta de mimbre. El viaje de regreso transcurrió sin dificultades, lo que me permitió distribuir el matzá a la comunidad de Nîmes. Además, preparé un paquete específico para los judíos de Camarès, que también logré entregarles.

Estos esfuerzos para proporcionar matzá eran mucho más que un simple acto de solidaridad; representaban un vínculo vital con las tradiciones y una forma de resistencia frente a un mundo en pleno cambio. Aproveché mi estancia en Niza, durante lo que llamo "la estancia del matzá", para buscar empleo en una fábrica de zapatos.

Tuve la suerte de encontrar un puesto de montador de zapatos con un tal Monsieur Mario Simon, en la calle Ribotti. Esperaba que comenzara de inmediato, pero le expliqué que tenía compromisos en curso. Le prometí regresar a finales de abril. Así que, después de la fiesta judía de Pésaj, volví a Nîmes para recoger mis pertenencias, y luego me fui a Niza. Alquilé una habitación amueblada con dos ancianas en la avenida Desambrois. Comencé mi trabajo con Mario Simon, montando zapatos a mano y martillando clavos. Así es como comenzó mi estancia en Niza.

En Niza, naturalmente, comencé a buscar contactos dentro de la comunidad judía. No fue demasiado difícil. La mayoría de las actividades se llevaban a cabo en "Dubouchage". En realidad, era un verdadero paraíso. Cuando un judío era arrestado por la policía francesa, se hacía una llamada telefónica por el responsable de la oficina al oficial militar italiano, quien ordenaba inmediatamente su liberación. Incluso la milicia no podía hacer daño. En Niza, había muchas actividades organizadas por los movimientos juveniles judíos. Por un lado, estaban los Scouts Judíos de Francia y el movimiento de la juventud sionista. La colaboración entre estos dos grupos era muy armoniosa y estrecha. Me uní a los EIF en ese momento, pero también participaba en las reuniones del movimiento de la juventud sionista. Cantábamos mucho y compartíamos noticias que podíamos recopilar de Palestina.

Comencé mi actividad con el Keren Kayemeth LeIsrael (KKL) en Niza, alrededor de mayo-junio de 1943. Los Scouts Judíos de Francia y los movimientos de la juventud sionista habían lanzado un proyecto de plantación de árboles en Palestina. Se nos pidió recolectar dinero para esta causa. Logré recaudar fondos suficientes para plantar cinco árboles, lo cual me enorgullecía mucho. Esto muestra cuán extremadamente complejas eran las cosas en ese momento. Por aquel entonces, Joseph Fischer, una de las figuras principales del KKL, vivía en Niza. Jugó un papel muy importante en la transmisión de fondos del Comité de Distribución Conjunta (JDC). Fue en ese momento cuando lo conocí, aunque brevemente, ya que era un joven bastante insignificante. Nos encontraríamos más tarde. Todas estas actividades tuvieron, por supuesto, un impacto enorme en aquellos que, como yo, estaban involucrados en este entorno en ese momento. También participé en un campamento de verano de los EEIF cerca del paso de Allos.

De hecho, volví a Niza cuando los acontecimientos tomaron un giro decisivo. El anuncio del armisticio entre la Italia de Badoglio y los Aliados generó una fuerte anarquía e inestabilidad. Los italianos en el lugar habían dejado de proteger a los judíos, dejando una sensación de inseguridad sobre todos nosotros. Fue durante este período turbulento cuando me di cuenta de lo vulnerables que éramos. Esta percepción de nuestra vulnerabilidad y del inminente aumento del peligro contribuyó a intensificar mis esfuerzos por unirme a mis padres en Aix-les-Bains, donde la actividad judía aún era fuerte en ese momento. Sin embargo, mi regreso a Niza y, por tanto, la creciente amenaza marcaron un hito importante en mi trayectoria y en mi comprensión de la guerra y del destino de los judíos en Europa.

Mientras vivía en Niza en ese momento, no era plenamente consciente de la magnitud de las actividades llevadas a cabo en la calle Dubouchage. Sabía que había una importante actividad judía, pero los detalles, los nombres de las personas involucradas y el alcance real de sus esfuerzos eran en gran parte desconocidos para mí. Fue solo después de la guerra cuando aprendí su verdadera importancia y sus roles específicos, lo que me hizo darme cuenta de la verdadera envergadura de su trabajo bajo la Ocupación.

En Niza ya existía una actividad clandestina destinada a ayudar a los jóvenes judíos. Esta fue organizada conjuntamente por los Scouts Judíos de Francia (EIF) y el MJS (Movimiento de la Juventud Sionista). Los líderes de estos dos grupos, Jacques y Léa Weintraub para el MJS, Jacques Marburger y Jeannette Ewselmann para los EIF, ya habían ayudado a muchos jóvenes judíos extranjeros amenazados a ponerse a salvo.

Ahora estamos en septiembre, en el momento del armisticio, cuando las tropas alemanas invadieron la zona italiana. Los italianos, que no abandonaron el lugar con suficiente rapidez, fueron expulsados violentamente por los alemanes. Pero incluso antes de que llegaran las tropas alemanas, un comando de la Gestapo, a bordo de coches de tracción delantera negros, llegó a Niza y comenzó una implacable caza de judíos. El contexto se volvió cada vez más peligroso, transformando nuestras vidas y actividades diarias.

De hecho, en la zona italiana, en Megève y Saint-Gervais, se establecieron residencias forzadas para los judíos extranjeros. Cuando se firmó el armisticio y los italianos abandonaron el lugar, las autoridades italianas, con las que estos judíos estaban en contacto, les aconsejaron seguirlos a Niza, desde donde serían llevados a Italia para encontrar refugio. Todas estas familias se apresuraron en autobuses para llegar a Niza, donde ocuparon residencias amuebladas y hoteles.

Es fácil imaginar lo fácil que fue para los alemanes arrestar a estos judíos bajo estas condiciones.

Además de los numerosos refugiados ya presentes en Niza, la ciudad estaba abrumada por los recién llegados. Los alemanes procedieron en dos etapas para arrestar a estas personas. Al principio, atacaron los hoteles, donde la detención de judíos sin los papeles adecuados era fácil. Incluso aquellos con documentos falsos eran fácilmente identificables por su acento y apariencia física. Para facilitar la tarea, los alemanes estaban acompañados de franceses capaces de distinguir los acentos extranjeros.

Los coches de tracción delantera negros de los alemanes recorrían las calles de Niza y, cuando identificaban a una persona de aspecto sospechoso, especialmente a un hombre, se detenían. Llevaban al hombre a un portal, le hacían bajar los pantalones y verificaban si era judío o no. Los documentos podían ser falsificados, pero su método era infalible.

Los alemanes tomaban el control de lugares aparentemente seguros, como cines donde la gente pensaba poder esconderse porque no estaban en la calle, restaurantes y barrios donde se habían establecido los judíos. El lugar más notorio era lo que se llamaba el Barrio de los Músicos, que incluía la calle Rossini y sus alrededores. Estas calles estaban llenas de apartamentos amueblados ocupados por judíos. Los alemanes rápidamente comprendieron dónde debían buscar a los judíos.

Una vez arrestados, los judíos eran reunidos en el hotel Excelsior, cerca de la estación de tren. Desde allí, eran enviados casi a diario a Drancy en convoyes. La oficina de la UGIF, que servía de centro de ayuda para los judíos necesitados, se transformó en una trampa. Los alemanes obligaron al director, un tal Guggenheim, a permanecer en el lugar. Las personas que venían a buscar ayuda, al no tener más dinero para alimentarse, eran arrestadas en el acto.

El gran rabino de Niza, el rabino Pruner, fue arrestado durante un entierro en el cementerio. Todas las personas presentes fueron deportadas junto con él. Era una verdadera caza de judíos, llevada a cabo con una eficacia aterradora. Los alemanes no eran guiados por ninguna forma de ética o humanidad en sus acciones.

Nuestros esfuerzos en Dubouchage constituyeron nuestra respuesta inmediata a las necesidades urgentes, una respuesta que estaba llegando a su fin. Esta ayuda mutua estaba alimentada por numerosas pequeñas acciones y respaldada financieramente por organizaciones como la Federación de Sociedades Judías de Francia, que proporcionaba subsidios y, cuando era posible, documentos falsos a quienes los necesitaban. Estos gestos, aunque poco formalizados, representaban una actividad vital en el tumulto de la época.

Esta valiosa asistencia, sin embargo, cesó, dejando un vacío para aquellos acostumbrados a depender de este apoyo. En las calles, la gente buscaba en vano apoyo, dirección, alguien a quien acudir. Fue un período de profunda desorientación, donde las estructuras habituales se habían evaporado. A pesar de los desafíos, emergió una forma de organización, aunque no puedo describir exactamente cómo ocurrió. Lo que recuerdo claramente es esa reunión, celebrada el 13 de septiembre en el Hotel Chardonnens en Niza, donde se reunieron los líderes de los movimientos juveniles. Teníamos que decidir nuestro próximo plan de acción.

Éramos unos veinte, unidos por la necesidad de responder a esta crisis. Allí, en esa reunión, se asignaron responsabilidades, cada uno recibió una tarea específica.

Los Weintraub eran parte del grupo. Para la organización de los EI, Claude Guttmann y Griffon estaban presentes, este último recibió la responsabilidad de dirigir la 6ª en Niza. Ellos asumieron la responsabilidad de las actividades que se estaban organizando. Léa Weintraub compartió un recuerdo impactante de los primeros días de la ocupación alemana: mientras caminaba por la calle, un hombre judío se le acercó. Él expresó su intención de ayudar a los judíos. Ese hombre era Maurice Loebenberg. Por una coincidencia fortuita, Maurice, quien luego tomó el nombre de Maurice Cachoud según su falsa identidad, estuvo involucrado desde el principio en las acciones emprendidas.

Los eventos tomaron un giro trágico con la captura de Claude Guttmann. Fue capturado en un monasterio en la calle François Grosso, tras una denuncia que se sospecha fue obra de una agente doble llamada Anne-Marie Kielissi. Esta, conocida por proporcionar documentos falsos, tenía relaciones con un comisario de policía de Marsella y entregaba tarjetas de identidad del 8º distrito de la ciudad.

Los allegados a Claude Guttmann luego se enteraron de que él debía ir a ese convento, precisamente para organizar un refugio para personas en peligro. La Gestapo estaba en la puerta del monasterio, lista para arrestarlo a su llegada, lo que pone a Anne-Marie Kielissi bajo fuerte sospecha, posiblemente la única informada de esta visita. Guttmann fue llevado y deportado por la Gestapo.

Guttmann, de hecho, lo crucé una o dos veces. Recuerdo bien el 28 de septiembre, fue un día tenso para todos nosotros, especialmente para los dos Jacques – Jacques Weindraub y Jacques Marburger. Ese día, fueron detenidos por la Gestapo y llevados a un interrogatorio. Afortunadamente, sus documentos falsos eran convincentes, sus identidades falsificadas resistieron bajo la presión de las preguntas. Para nuestra gran sorpresa, no fueron sometidos a una verificación física exhaustiva, lo que podría haber revelado su engaño.

Finalmente liberados, una situación poco común y inesperada, se encontraron libres. Pero al salir, Jacques Weindraub recordó de repente que había dejado su maletín en la oficina del interrogador. Arriesgándose nuevamente al peligro, volvió a buscarlo. La apertura inesperada de ese maletín podría haber revelado contenidos comprometedores, pero la suerte decidió de otra manera.

En cuanto a Jacques Marburger, conocido por el tótem de Colibri, su nombre puede no ser familiar para todos, pero rápidamente huyó. Encontró refugio por la noche en mi casa, sabiendo que podía contar con mi dirección en caso de necesidad. Después de una noche de descanso, ofreciendo poco alivio en tales circunstancias, le presté mi bicicleta a la mañana siguiente para que pudiera llegar a la estación de tren sin llamar la atención. Así dejó Niza y, contra todo pronóstico, logró escapar de su destino funesto.

Los planes formulados en la reunión de Chardonnens en Niza se vieron comprometidos. El grupo fue casi decapitado, sufriendo golpes duros que podrían haber puesto fin a nuestros esfuerzos. Cómo logramos reunirnos unos días después en la casa de una dama generosa, no lo sé. Pero lo esencial es que tuvimos un lugar de reunión, prueba de que la resiliencia y la red de solidaridad aún estaban activas.

Nos reunimos en la casa de esta dama, cuyo nombre se me escapa y de la que solo puedo precisar que no era judía. Alguien entre nosotros debió haber tenido su dirección.

En esta reunión improvisada, Henri Poriles estaba allí, al igual que Maurice Cachoud, y también Maurice Beugelmans y Pierre Mouchnik, quien ya había comenzado su trabajo en documentos falsos, una actividad crucial para nuestro movimiento. También había mujeres cuyos nombres no puedo recordar hoy.

A pesar de la adversidad, Maurice tomó la iniciativa. Asumió el rol de líder y comenzó a reorganizar, distribuyendo tareas y responsabilidades. A cada uno se le asignó su misión, su papel en esta lucha clandestina, en esta organización que debía adaptarse y resistir en tiempos de crisis.

Maurice me encomendó una responsabilidad clara: la gestión financiera. "Tú, llevarás las cuentas, manejarás el dinero", me dijo, enfatizando la importancia de la precisión. "Quiero cuentas exactas porque algún día tendremos que rendir cuentas del dinero que hayamos utilizado". La tarea no era sencilla, pero era crucial. En estos tiempos de incertidumbre, la transparencia y la confianza eran esenciales para mantener la integridad de nuestra red y asegurar su funcionamiento.

Pudimos contar con la generosidad de aquellos que habían sido ayudados por nuestros esfuerzos. Muchos, después de recibir un documento de identidad falso que les ofrecía un atisbo de seguridad, estaban dispuestos a expresar su gratitud. Sus donaciones reflejaban su reconocimiento y contribuían al esfuerzo común.

Maurice, por su parte, había logrado recaudar fondos de su círculo cercano, personas en las que confiaba. Cada suma era vital para la continuidad de nuestras operaciones, para la compra de material, el cubrimiento de gastos imprevistos y el apoyo a aquellos bajo nuestra protección. Manejar el dinero implicaba mucho más que simplemente llevar la cuenta de los números; era preservar la esencia de nuestro compromiso y prepararnos para defender nuestras acciones cuando llegara el momento de rendir cuentas.

Pocos días después de Rosh Hashaná, el ambiente todavía estaba cargado por los recientes y trágicos eventos que habíamos vivido. La comunidad estaba marcada por estas difíciles circunstancias. Sin embargo, cuando llegó Yom Kipur, logramos organizar una tefilá, una oración, en la casa del tío de Maurice Cachoud, Maxime Polak.

Fue un momento de reflexión, pero también una oportunidad para reunirnos fuera del contexto habitual de nuestras actividades clandestinas. La reunión de oración se llevó a cabo en un ambiente de gravedad y solidaridad, tanto por la tradición religiosa como por la necesidad de mantener nuestra cohesión y moral en estos tiempos oscuros.

Al final del ayuno de Yom Kipur, fuimos cálidamente recibidos por Madame Polak, quien había preparado una comida para romper el ayuno. Recuerdo claramente ese momento: el alivio de romper el ayuno, el calor de una comunidad compartiendo las mismas pruebas. El viaje a la casa de Maxime Polak no fue sencillo para mí; fui en un taxi-bicicleta, una forma de transporte público de la época que incluía un asiento para pasajeros en la parte trasera de la bicicleta. Después de la comida, junto con una docena, quizás quince personas, todos decidimos regresar a pie.

La caminata a través de las calles de Niza se realizó por la noche, teniendo cuidado de respetar el toque de queda. Fue en esos momentos, mientras compartíamos en silencio la tranquilidad de la ciudad dormida, que la comunidad encontró su fuerza, ese sentido de pertenencia y esa determinación que nos impulsaba a continuar, a pesar de todo lo que pudiera suceder. El día después de Yom Kipur, nos reunimos en la casa de los Polak. Todo el día, un grupo entre nosotros dedicó tiempo a discutir y planificar, conscientes de que, con cada uno desempeñando su papel asignado, era esencial asegurar una coordinación efectiva.

Ahora estamos en octubre de 1943. La ciudad de Niza está bajo ocupación alemana y las redadas son una amenaza diaria. Todavía vivía en mi habitación amueblada administrada por dos damas muy respetables. Nunca me preguntaron sobre mis orígenes o mi religión, pero sentía que sospechaban que era judío. Nuestros intercambios raramente iban más allá de las trivialidades, sin embargo, su discreto silencio equivalía a una forma de complicidad protectora.

Continuaba con mi rutina: trabajaba por la mañana con mi jefe y por la noche me dedicaba a la gestión de la contabilidad para nuestra organización. Para adaptarse a la situación y mantener una estructura en los contactos diarios, tuvimos que desarrollar un sistema organizado. Algunos jóvenes, que podríamos considerar trabajadores sociales clandestinos, me traían listas. Estas contenían nombres de personas necesitadas, información sobre su situación, lo que permitía determinar la distribución de fondos. Confiaba en esta información para asignar los recursos. Por supuesto, era un ejercicio complejo y necesariamente imperfecto.

La logística de nuestras reuniones debía ser meticulosa para evitar la detección por parte del enemigo. Cada día, nos encontrábamos en un lugar diferente, una rutina que cambiaba constantemente por razones de seguridad. Este arreglo funcionó bien, demostrando la ingeniosidad y flexibilidad de nuestra red para superar los desafíos planteados por la ocupación.

Habíamos establecido un sistema eficaz para la transmisión de información y las solicitudes de documentos falsos, gracias a nuestros contactos con el equipo dedicado a la producción de estos documentos esenciales. El laboratorio de documentos falsos, supervisado por Pierre Mouchnik, era un elemento central de nuestra operación, y se hacía todo lo posible para mantener su ubicación y actividades en secreto.

Serge Karvaser también participaba, aunque no podía arriesgarse a mostrarse en público debido a su apariencia muy reconocible.

Las solicitudes de documentos falsos se procesaban con una eficiencia notable: transmitíamos los pedidos y, dependiendo de la complejidad del trabajo y los imprevistos técnicos, los documentos estaban listos en uno

a tres días. Sin embargo, a veces surgían problemas prácticos, como la escasez de formularios para las tarjetas de identidad, lo que interrumpía temporalmente nuestras actividades. Afortunadamente, el equipo a menudo encontraba soluciones para obtener los materiales necesarios, un área en la que Maurice demostraba una actividad particular.

Más allá de los documentos de identidad, el abastecimiento era otro desafío crucial para nuestros protegidos. Las tarjetas de racionamiento, esenciales para comprar productos básicos como pan, mantequilla, leche e incluso ropa, debían actualizarse regularmente con nuevos cupones en el ayuntamiento. Este proceso requería presentar una tarjeta de identidad válida, una acción imposible y peligrosa para aquellos que debían permanecer ocultos, aquellos que a menudo no hablaban o hablaban poco francés y no podían permitirse ser detectados.

Ante este obstáculo, se tuvieron que encontrar soluciones para ayudar a las personas escondidas a acceder a bienes de primera necesidad sin comprometer su seguridad. La solidaridad, la ingeniosidad y la discreción eran más cruciales que nunca para asegurar la supervivencia de aquellos a quienes asistíamos.

Maurice demostró una habilidad notable al establecer contactos con empleados del servicio de abastecimiento. Gracias a estas relaciones, pudimos obtener tarjetas de racionamiento con el sello en blanco y cupones que distribuíamos a nuestros protegidos. Aquellos que se atrevían a presentarse para renovar sus tarjetas de racionamiento podían usar sus documentos falsos para hacerlo ellos mismos; para los demás, que corrían un riesgo demasiado grande al salir de sus escondites, les proporcionábamos los cupones esenciales.

Todavía recuerdo a Suzy, una empleada encantadora y compasiva, ganada para nuestra causa por Maurice. Nos confesó estar dispuesta a hacer todo lo que estuviera en su poder para ayudarnos, conmovida por la idea de que un niño pudiera sufrir o ser arrestado simplemente por tener hambre. Sus palabras estaban teñidas de una sincera benevolencia. Otra cómplice valiosa, cuyo nombre se me escapa, así como el subdirector del servicio de abastecimiento, un tal Monsieur Morenon, también nos facilitaron las cosas. Morenon nos confió que estaba agradecido de poder actuar concretamente en el plano humano, lo que tenía mucho significado para él.

Estos actos de solidaridad fueron cruciales para nuestra acción. Permítanme abrir un paréntesis. Llegué a conocer a una joven alsaciana llamada Pauline Dreyfus, líder en los Louveteaux, quien me puso en contacto con Georges Bloch, un joyero originario de Estrasburgo con su joyería Kells y que se había refugiado en Monte-Carlo. Ella estaba convencida de que el señor Bloch podría ayudarnos a recaudar los fondos necesarios para nuestra causa. El mayor desafío seguía siendo llegar a Monte-Carlo, una región fuertemente controlada, pero la ayuda y la generosidad provenientes de diferentes fuentes eran rayos de luz en la oscuridad de la Ocupación.

Para llegar a Monte-Carlo la primera vez, decidí tomar el tren desde una estación un poco alejada del centro de Niza, llamada la estación Saint-Roch, intentando pasar desapercibido. El viaje transcurrió sin incidentes, y una vez allí, me encontré con Georges Bloch. Su bienvenida fue cálida, y expresó una confianza inmediata en nuestra causa y en mí. También me habló de un amigo, Elie Cohen, originario de Montpellier, a quien, por una sorprendente coincidencia, también conocía. El reencuentro fue agradable y ambos hombres aceptaron solicitar a su red de conocidos, también refugiados en Monte-Carlo, contribuir financieramente para apoyar nuestras actividades.

Convencer a las personas adineradas para que nos ayudaran no era una tarea fácil. La precaución y la desconfianza eran comunes, especialmente frente a jóvenes relativamente desconocidos. Consciente de esto y de la necesidad de reforzar nuestra credibilidad, decidí pedir a Maurice que me acompañara en una visita posterior a Monte-Carlo. Su carisma y poder de persuasión dejaron una fuerte impresión en Georges Bloch y Elie Cohen. Gracias a él, nuestros posibles patrocinadores se mostraron más generosos y se involucraron de manera más sustancial en nuestra causa.

La contribución financiera de Monte-Carlo se convirtió en una fuente valiosa; nos permitió satisfacer las necesidades de nuestros protegidos y esperar otros fondos. Hablando de cantidades, el valor exacto es difícil de evaluar hoy en día, debido a la evolución del poder adquisitivo y la moneda. En esa época, una suma de 10,000 a 20,000 francos representaba una ayuda sustancial. Aunque no se consideraría una gran fortuna, era suficiente para satisfacer nuestras necesidades inmediatas y continuar nuestros esfuerzos de apoyo y supervivencia durante este difícil período.

Maurice, entre los jóvenes de nuestro grupo, se destacaba por su ya rica experiencia de vida. Había dirigido una agencia de duplicados para la compañía Gestetner, lo que le daba mucha confianza. Formado en técnicas de venta, poseía una elocuencia natural, una facilidad para convencer a los demás, combinada con un enfoque cálido y amistoso. Esta habilidad, su capacidad para comunicarse e inspirar confianza, eran ventajas importantes en nuestras actividades clandestinas.

Arraigado en una fuerte tradición familiar, había crecido en una comunidad tradicionalista en Montevideo en París, en un ambiente judío muy cálido. Su conciencia de su identidad judía era aguda, lo que sin duda lo impulsó a actuar espontáneamente en favor de los judíos cuando comprendió que la situación se volvía crítica.

Cuidaba a su padre, que también se escondía en Niza tras el fallecimiento de su madre. Tenía que vivir en la sombra para cuidarlo mientras asumía un papel de liderazgo en nuestro colectivo.

Su habilidad para ir siempre al grano era notable. Nos indicó claramente que nuestro objetivo debía ser la acción directa y práctica, sin perderse en discusiones políticas o debates inútiles: había que actuar, y rápido. Los detalles superfluos no eran nuestra responsabilidad.

Su presencia era espiritualmente reconfortante; sabía encontrar las palabras adecuadas para cada uno y dar coraje a todos. Su aura no era la de alguien que pasa desapercibido, al contrario, se hacía notar en la calle, lo que hace

aún más sorprendente que nunca haya sido detenido ni arrestado. Es una suerte, o tal vez una prueba de que la providencia velaba por él, como lo hizo por mí. Su protección divina, para quienes creen en ella, parece haber jugado un papel muy real en nuestras vidas.

Me movía en bicicleta por Niza, y por qué elegí tal calle en lugar de otra durante las redadas sigue siendo un misterio. La suerte estuvo de mi lado: nunca fui sometido a un control de identidad. En este clima de inseguridad, me equipé con una identidad falsa que creamos con los medios a nuestro alcance. Según la información que aparecía en esta tarjeta de identidad, habría nacido el 15 de enero de 1915 en la Chapelle Blanche en Savoie, y me llamaba Rosna Maurice, un nombre que no correspondía a ninguna realidad para mí. Cuando me preguntaban por qué nunca había sido detenido, respondía en broma que mi apariencia "aria" probablemente había jugado a mi favor, sugiriendo que mi físico no correspondía a los estereotipos buscados por las autoridades.

La base documental para crear esta identidad ficticia era una hoja de desmovilización de un prisionero de guerra francés de los campos en Alemania. Esto le daba una credibilidad adicional al documento. En cuanto a la solidez de esta identidad falsa en caso de un control, todo habría dependido de la intensidad y rigurosidad del control. Si los servicios eran ejercidos, especializados en contrainteligencia o miembros de la Gestapo, y si hubieran llevado a cabo verificaciones profundas, podrían haber descubierto que, aunque el nombre existía en la comuna donde se suponía que había nacido, no resistiría una investigación minuciosa. Sin embargo, debo decir, con toda verdad, que esta tarjeta nunca tuvo que someterse a una prueba de control. Fue una mezcla de suerte, presencia de ánimo y quizás, como algunos les gusta pensar, de una intervención providencial que me permitió evitar tales situaciones peligrosas.

Los controles alemanes de la época generalmente no se extendían a investigaciones exhaustivas, a menos que hubiera serias dudas sobre las actividades sospechosas de la persona, como el espionaje o la participación en actividades de resistencia. Lo importante era poder pasar los puntos de control sin despertar sospechas.

Maurice, efectivamente, había nacido en París. Su familia tenía orígenes diversos: su padre era alemán y su madre tenía raíces holandesas. La familia Polak, por parte materna de Maurice, era judía holandesa, pero había residido en París mucho antes de la guerra. Y si mi memoria es correcta, su madre nació en la capital francesa. Su padre, por su parte, había estado en Francia desde el período posterior a la Primera Guerra Mundial, ya que Maurice nació durante esa guerra, lo que significa que su padre ya estaba en suelo francés incluso antes de la guerra.

Por cierto, con respecto a la profesión de los padres, el Sr. Polak, tío de Maurice, era banquero. Es probable que el padre de Maurice trabajara con él. No eran propietarios del banco, pero ejercían responsabilidades importantes en un pequeño banco privado judío en París.

Los Polak eran de hecho relativamente acomodados. Unos días después de la tefilá de Yom Kipur que pasamos en su casa, ocurrió una tragedia: el Sr. Polak fue arrestado en la calle y luego deportado.

Afortunadamente, parece que logró evitar dar su dirección, tal vez gracias a documentos que no lo vinculaban directamente a su hogar, ya que su esposa e hijos permanecieron en casa sin ser posteriormente molestados.

Durante el mismo período, además de la red Cachoud, otras redes clandestinas también estaban activas en Niza. Entre ellas, Kelman Fajgenbaum, conocido más tarde como Claude Kelman, quien más tarde tuvo un papel importante dentro del FSJU y fue uno de los fundadores del CRFF. De gran valentía, había organizado una red de ayuda para personas necesitadas, pero una falta de precaución condujo a la detención de una de las asistentes y Kelman tuvo que esconderse en Monte-Carlo.

También estaba la notable presencia del Sr. Rogovski, un ruso no judío, quien había sido ministro bajo el gobierno socialista de Kerensky antes de la revolución bolchevique. Huyendo de Rusia a París, él y su secretaria, Olga Bax-Mars, ayudaron mucho a los refugiados rusos, judíos y no judíos. Otra red dirigida por André Bass también trabajó para proporcionar documentos falsos y asistencia financiera. André Bass, sin embargo, también tuvo que abandonar Niza después de ser detectado por las autoridades.

A pesar de la presencia de estas diversas redes, nuestro grupo se encontró en un punto como el único operativo en Niza, una situación que representaba una doble espada de responsabilidad y riesgo en un contexto peligroso. Joseph Fischer, a la llegada de los alemanes, abandonó Niza por Lyon. Fue de hecho difícil establecer o restablecer contactos para obtener los fondos necesarios para nuestro trabajo.

En cuanto a una experiencia de control que tuve, a diferencia de lo que dije anteriormente, hubo una. Fue entre Navidad y Año Nuevo, cuando me dirigía a Aix-les-Bains para ver a mis padres. Teniendo que cambiar de tren en Grenoble, y con una espera de una hora y media, hice, de manera impulsiva y quizás imprudente, un desvío por la ciudad.

Me paseaba por la Place Grenette en Grenoble alrededor de las 16 horas, cuando de repente escuché una pequeña explosión seguida de bengalas, la señal para que las tropas alemanas cerraran todas las salidas y procedieran a un control masivo. Atrapado en el momento, me dirigí directamente a un suboficial alemán en el bloqueo, explicándole que tenía que tomar mi tren y, al abrir mi bolso, mostrándole mi tarjeta de identidad y mi postal. Para mi gran sorpresa, simplemente me indicó que pasara.

Hablé en francés, sin preocuparme si me entendía correctamente o no, insistiendo simplemente en que tenía un tren que tomar. Fue una suerte increíble, ya que muchos judíos fueron capturados en tales redadas y enviados al STO, al Servicio de Trabajo Obligatorio. Fue un momento de gran tensión, pero también de gran suerte, un evento raro que marcó mi experiencia en esa época.

Volviendo un poco atrás

, durante el invierno de 1942-1943, cuando todavía estaba en Nîmes, las leyes del Servicio de Trabajo Obligatorio (STO) habían sido promulgadas por el ocupante alemán. Esta movilización forzaba a los jóvenes a inscribirse para ir a trabajar a Alemania. Recuerdo haber pedido consejo a varias personas sobre qué hacer: algunos decían que debía inscribirme para estar en regla, mientras que otros recomendaban no hacerlo. Finalmente, no respondí a la convocatoria, permaneciendo así fuera del radar del STO, pero consciente de que cualquier control podría llevarme, como mínimo, a un campo de trabajo en Alemania, sin siquiera revelar mi identidad judía.

Después del incidente en Grenoble y mi visita a mis padres, regresé a Niza. Luego, en enero, Maurice estableció contacto con Maurice Brenner, quien representaba al Joint en la Francia ocupada, con sede en Le Puy, un municipio en el departamento de Haute-Loire. Tomamos el tren para encontrarnos con Maurice Brenner en Le Puy, no Le Puy-de-Dôme, sino la ciudad de Le Puy en Haute-Loire. La acogida de Maurice Brenner fue muy cálida y nos asignó una suma importante, recuerdo bien, alrededor de 100,000 francos. Aunque estos fondos no duraron eternamente, representaron una contribución significativa que nos permitió mejorar un poco las condiciones de vida de aquellos a quienes asistíamos.

Tuvimos de hecho largas discusiones con Maurice Brenner. La situación era extremadamente precaria en ese momento. El invierno de 1942-1943 estuvo marcado por la incertidumbre, la batalla de Stalingrado aún no se había resuelto y la victoria de las fuerzas soviéticas aún no se había materializado. La situación global era bastante sombría, sin atisbos palpables de esperanza. La confianza en el futuro se basaba más en una fe ciega que en argumentos tangibles. A pesar de todo, intentábamos animarnos mutuamente a mantener la esperanza.

Durante el mismo período, en Niza, se formó el grupo Franc, paralelo a nuestra propia actividad. Este grupo, sobre el cual no tenía responsabilidad directa, estaba dirigido por Henri Porriles. La principal misión del grupo Franc era identificar y neutralizar a los denunciantes que colaboraban con la Gestapo, a menudo motivados por el dinero.

En Niza, un grupo de rusos blancos se había destacado trágicamente al denunciar a judíos escondidos para obtener beneficios económicos. El grupo Franc tenía entonces la tarea de eliminarlos físicamente e intimidar a otros para disuadirlos de continuar sus actividades maliciosas. Estas acciones no eran simples y encontraron dificultades iniciales, pero con el tiempo permitieron poner fin a las acciones de algunos de estos delatores y sembrar suficiente miedo para que otros cesaran sus traiciones.

CAPÍTULO 10

Grupos de resistencia

El grupo Franc era una denominación para una célula de la resistencia, compuesta, entre otros, por Henri Porriles, su hermano Isidore Porriles y Annette Zisman. Había otros miembros cuyos nombres no recuerdo todos. Estos detalles a veces pueden escaparse de la memoria con el tiempo.

En cuanto a la reunión con Maurice Brenner en Haute-Loire, no lo conocíamos personalmente de antemano. Maurice tenía una recomendación para facilitar el contacto. Brenner no nos confió simplemente en palabra, sino que llevó a cabo un verdadero interrogatorio para obtener detalles precisos sobre nuestras actividades y necesidades. Le proporcionamos listas de beneficiarios con sus firmas para probar la legitimidad de nuestras solicitudes.

Fue gracias a la seria recomendación que Maurice llevó que finalmente pudimos ganar la confianza de Brenner. Sin ella, habría sido difícil, si no imposible, obtener su apoyo financiero. La recomendación sirvió para convencer a Brenner de la autenticidad y seriedad de nuestra causa, lo cual era esencial para establecer un canal de financiamiento para nuestras actividades de resistencia.

Brenner aparentemente tenía los fondos en persona, lo cual no es sorprendente dadas las circunstancias y las restricciones bancarias de la época. Las transacciones financieras y bancarias normales estaban, por supuesto, comprometidas por la guerra y la ocupación. Los cheques y las transferencias bancarias estaban fuera de cuestión, todo se hacía en efectivo y de manera encubierta.

Es posible que el dinero haya sido entregado físicamente a Maurice y luego me lo haya transmitido a mí, pero no puedo recordarlo con certeza. Los detalles de esta transacción son borrosos para mí. Sin embargo, ya sea que se tratara de 100,000 francos u otra suma, transportar tal cantidad de dinero representaba un riesgo considerable.

Brenner pidió informes de nuestro trabajo, pero entiendan que no podíamos darnos el lujo de transportar documentos detallados sobre nuestras actividades. Eso habría sido extremadamente peligroso. Ciertamente proporcionamos información resumida, lo suficientemente detallada como para asegurarle sobre el uso de los fondos sin comprometer nuestra seguridad. En ese momento, había que ser muy cuidadoso con la información que se compartía y cómo se compartía. Sin embargo, logramos convencerlo de la legitimidad e importancia de nuestra causa.

De hecho, mantuvimos contacto con Maurice Brenner después de nuestro encuentro, aunque nunca volví a verlo personalmente después de eso. El apoyo financiero de Brenner representó para nosotros un "balón de oxígeno" considerable en ese momento, aunque no recibimos más fondos del Joint después.

Continuamos recaudando dinero en Monte-Carlo, y fue en gran parte gracias a estos fondos que pudimos mantener nuestras operaciones. En cuanto a los 100,000 francos, no distribuimos esta suma a la ligera. Elaboramos presupuestos mensuales para poder mantenernos a largo plazo. Esta cantidad no fue suficiente para cubrir nuestras necesidades hasta el final de la guerra, pero sin ella, y sin el apoyo adicional de Monte-Carlo y las donaciones ocasionales recibidas en Niza, hubiéramos tenido dificultades para continuar.

Aquellos que recibían documentos falsos de nuestra parte a veces contribuían financieramente, aunque nunca pedimos una contraprestación. Simplemente indicábamos que si alguien tenía los medios, sus donaciones podrían ayudar a proporcionar documentos a personas sin recursos. Es importante recordar que quienes fabricaban los documentos falsos y las trabajadoras sociales necesitaban subsistir. Aunque no podíamos hablar de un salario, asignábamos fondos de subsistencia para cubrir necesidades básicas como la alimentación.

Había una tarifa uniforme para todos, calculada para permitir la compra de suficiente comida para un mes. Más allá de eso, nadie podía contar con nuestra ayuda para cosas como la ropa o el alquiler, por ejemplo. Los recursos eran limitados y teníamos que administrarlos con gran cuidado para asegurar la supervivencia de cada uno dentro de nuestra red.

Los caprichos de la memoria son de hecho implacables y a veces pueden engañarnos, especialmente después de tantos años y eventos significativos. La necesidad de corregir y completar lo que hemos olvidado es comp

rensible, particularmente cuando se trata de rendir homenaje a las personas queridas en nuestra historia personal y familiar.

La era de la guerra, que comenzó en 1939, fue consecuente y llena de luto para mi familia. La muerte de mi abuela materna en octubre fue una pérdida esperada debido a su avanzada edad y enfermedad. La tragedia continuó en diciembre con la muerte de mi prima Suzanne, que tenía solo 20 años y murió de fiebre puerperal tras dar a luz, un evento devastador que ocurrió bajo el cuidado de un médico.

Luego, en enero de 1940, mi tía Mathilde, la hermana de mi padre, sucumbió a un cáncer de estómago. Recuerdo lo agotador que fue su funeral, obligándonos a caminar los 6 kilómetros entre Lingolsheim y el cementerio de Wolfisheim en condiciones meteorológicas difíciles, con nieve alcanzando los 50 a 60 centímetros. Fue un momento tanto emocional como físicamente doloroso.

En cuanto a Montpellier, parece que sitúo mis recuerdos allí no en 1942 sino más bien en 1941, aunque las fechas comienzan a confundirse ligeramente con el paso del tiempo. Estos momentos de historia personal pueden ser difíciles de rastrear con precisión, pero es importante reunirlos tanto como sea posible para formar un relato fiel de estas experiencias.

Es valioso recordar estos momentos fundamentales de aprendizaje, incluso en tiempos tan turbulentos. La enseñanza del rabino Schilly y el señor Kolodny fue un pilar en la adquisición de las bases del hebreo. Las clases que impartían eran mucho más que simples lecciones de idioma, ya que encarnaban una conexión con nuestro patrimonio, nuestra cultura y nuestra identidad.

El rabino Hamburger, quien inició a tantas personas en el estudio de la Gemara antes de ser deportado, zekher tzadik livracha, que su memoria sea una bendición, es una figura esencial para no olvidar. Su enseñanza y su pasión por la Torá y el Talmud fueron iluminadoras y motivadoras, a pesar de las circunstancias exteriores. El señor Kolodny, en particular, logró despertar en nosotros un interés por los textos de Shoftim (Jueces) y Shmuel (Samuel), ofreciéndonos una comprensión más profunda de la gramática hebrea. Su paciencia nos permitió comprender los diferentes binyanim, o construcciones verbales, como Kal, Piel, Hifil y Hithpael, así como reglas de sintaxis y pronunciación como el Vav hahipuch y el acento tónico.

Este período de estudio tiene para mí una resonancia particular, ya que, a pesar de la guerra, representa un recuerdo de esfuerzos personales y autodisciplina. Durante mi estancia en Romans, en la primera mitad de 1942, mientras estaba en la escuela de zapatería, me dedicaba cada noche al estudio. Armado con un Humash y un Tanach, en mi pequeña habitación sin calefacción, solo una bombilla de 25 vatios iluminaba mis escritos, tolerada por la propietaria. Estos recuerdos de estudio solitario, en condiciones tan modestas, son un recordatorio de la resiliencia y el compromiso de preservar el conocimiento y la tradición a pesar de los desafíos.

En Nîmes, el rabino Swal me inició en un rito precioso: la Kriyat Hathorah. Logré leerla, la Parchat Shemini, en la sinagoga local un cierto mes de marzo de 1943. La asistencia era escasa, pero hay que entender el contexto de la época, marcado por la presencia opresiva de las patrullas alemanas. Cada acto cotidiano se impregnaba de una tensión palpable, y el acto de fe que representaba esta lectura en comunidad rozaba casi la inconsciencia.

Es importante recordar también la situación particular de la zona italiana de Nîmes, tema ya mencionado. La clemencia de las autoridades italianas no provenía de una generosidad espontánea. Angelo Donati, un banquero judío italiano establecido en Nîmes, jugó un papel decisivo en este asunto. Sus persistentes esfuerzos y sus conexiones influyentes con los militares italianos fueron fundamentales para elaborar y mantener una política de protección en favor de los judíos, a pesar de las presiones ejercidas por el régimen de Vichy, la amenaza de las milicias y la vigilancia constante de las fuerzas del orden de la Révolution Nationale. Es gracias a su acción y compromiso que muchos deben su salvación.

Donati, una figura que nunca conocí personalmente, pero cuya reputación precedía su silueta nunca cruzada. Su ambicioso plan era facilitar el traslado de judíos de la zona italiana a Italia. Sí, creo que ya he abordado este tema anteriormente. El coraje o, para ser exactos, la falta de valentía de los soldados italianos fue puesta a prueba con el avance de las tropas alemanas. Su precipitada huida puso fin abruptamente a todos los intentos de evacuación orquestados por Donati, haciendo fracasar su proyecto.

Era septiembre de 1943, un período marcado por oscuros giros, particularmente por la implantación de la Gestapo, sinónimo de terror acrecentado. En ese momento, Saint-Martin-de-Vésubie se convirtió en un lugar de residencia forzosa para los judíos extranjeros aún no atrapados en la vorágine de la deportación. El destino separó arbitrariamente a estos refugiados en diferentes caminos: un grupo logró cruzar la frontera y refugiarse en Italia, mientras que otro fue atrapado en la trampa tendida en el norte de Italia y luego deportado.

En cuanto a aquellos que escaparon de las garras de la red, debieron su salvación a la tenacidad y ayuda de los partisanos italianos. Sobrevivieron, aferr

ándose a cada instante de libertad, fundiéndose en las sombras de la clandestinidad. Cada uno de sus alientos era una resistencia tenaz contra la opresión, una lucha por la existencia misma en las horas más oscuras de nuestra historia.

Fue en el mismo mes de septiembre de 1943 que la trágica historia de Jeannette Ewselmann se desarrolló. Ella, que era guía en Niza, fue capturada con los suyos en el implacable abrazo de la recién llegada Gestapo en la ciudad. Por suerte, o quizás gracias a una prudencia mezclada con miedo, llevaba consigo una falsa identidad. Este artificio le permitió escapar del Hôtel Excelsior, convertido en cárcel provisional para los judíos arrestados. Pudo saborear nuevamente el aire de la libertad, una libertad teñida de dolor, sin embargo, porque su familia no tuvo esa suerte y fue arrastrada por el torbellino negro de la deportación.

También me extendí en el relato del taller de zapatos de Mario Simon en Niza, donde encontré trabajo a mi llegada a la ciudad en 1943. A pesar de la sombra de mis actividades clandestinas, que crecían desde septiembre, mantenía mi puesto en Mario Simon con regularidad. Sin embargo, a medida que se acercaba el final del año, en diciembre de 1943, me vi obligado a abandonar esta tapadera laboriosa. Tenía que dedicar todo mi tiempo y esfuerzo a la resistencia, la lucha se había vuelto demasiado intensa para permitir una doble vida.

En febrero de 1943, recuerdo a nuestro camarada Ernest Appenzeller, encarcelado desde diciembre, quien logró evitar un final trágico en Drancy afirmando con fuerza que no era judío sino cristiano. De alguna manera que me es desconocida, se le envió un certificado de bautismo, lo que resultó en su liberación en febrero de 1944. Se puede imaginar fácilmente la ola de alivio y la intensa alegría que lo invadieron cuando recuperó su libertad, una alegría compartida por todos nosotros, testigos felices de su regreso a Niza.

En cuanto a mis aventuras en Niza, recuerdo, no sin cierta nebulosidad, el restaurante de la Abbaye Saint-Paul en el casco antiguo. No estoy seguro de haber hablado de esto antes, pero ese lugar era emblemático en nuestras vidas. Creo que fue Maurice Cachoud quien logró ganarse el favor del dueño. La Abbaye Saint-Paul se convirtió en un refugio, una extensión de nuestro universo cotidiano. Nos deleitábamos allí con platos de pasta al estilo de Niza, un lujo inestimable en esa época porque se servían sin requerir tickets de racionamiento, un placer puro y simple en el contexto de las privaciones de la guerra.

El restaurante también jugaba un papel más arriesgado, el de un pequeño escondite de armas. No estaba exento de peligro ni incomodidad, pero debo reconocer que el personal de la Abbaye Saint-Paul mostraba una comprensión y apoyo notables. Eran actos de resistencia discreta pero de vital importancia, que deseo subrayar y recordar con gratitud.

No iba a la Abbaye Saint-Paul todos los días. Estas visitas eran limitadas; después de todo, aún teníamos que pagar nuestras comidas, aunque fuera sin los tickets de racionamiento. Nos reuníamos allí una a tres veces por semana. Y sí, los dueños estaban completamente al tanto de nuestras actividades, aunque el tema permanecía tabú, abordado solo en insinuaciones. Eran firmemente pro-gaullistas, lo que generaba una afinidad y una comprensión mutua de nuestras intenciones y acciones de resistencia.

La situación financiera de las personas que ayudábamos se volvía cada vez más desesperada. Sin embargo, surgió una nueva esperanza cuando el ayuntamiento de Niza organizó un programa de evacuación hacia zonas rurales donde los alimentos eran más accesibles. Inmediatamente aprovechamos esta oportunidad, organizando la partida de numerosas familias. Además, los documentos de evacuación emitidos por el ayuntamiento proporcionaban una credibilidad adicional a sus falsas identidades, reforzando así su seguridad. Hacia febrero, aún había unas 430 personas bajo nuestra responsabilidad.

Ahora deseo hablar sobre el pastor Evrard. Después de la guerra, en 1945, Evrard fue llamado a testificar sobre sus actividades clandestinas. Su declaración fue solicitada por varias entidades, incluyendo el centro del ayuntamiento de Niza, la ciudad de París, España y el centro de documentación de Niza. Su implicación y papel durante estos años oscuros eran reconocidos y documentados, un homenaje a su valentía y contribución a la lucha clandestina.

En la declaración del pastor Evrard, se detallan aspectos conmovedores sobre su compromiso, cómo conoció y apoyó a Raymond Heymann y Maurice Cachoud, líderes de la resistencia judía en Niza. Describe cómo él y sus hijos participaron activamente en la ayuda a los judíos perseguidos. Contribuyeron a asegurar y proveer de alimentos a los perseguidos, con un coraje cuyo peligro constante no puede ser ignorado. Desde tarjetas de identidad hasta hospitalidad ofrecida, sus acciones eran luces que ardían en la oscuridad de la opresión.

También habló sobre la organización de la fiesta de Purim en su templo, donde la lectura de la Megillah fue un momento de gran simbolismo y elevación espiritual. Este evento se realizó contra toda prudencia, un miércoles por la tarde, donde los fieles llegaban en bicicleta como si fuera un día cotidiano, pero con una resonancia de desafío singular. Evrard permanecía entre los suyos, mientras sus hijos velaban por la seguridad del encuentro.

Reconociendo la realidad de la guerra y la situación crítica en la que se encontraban, fueron capaces, por una noche, de trascender el miedo e inmersos los participantes en una atmósfera donde el pensamiento se elevaba más allá de la opresión. Los paralelismos con la historia de la Megillah no podían ser más impactantes, colocando a cada participante frente al espejo de una tragedia contemporánea, donde cada palabra leída resonaba con su propia lucha por la supervivencia y la libertad.

Cada gesto, cada reunión, cada acción estaba impregnada de peligro durante ese período. El pastor Evrard lo entendió bien; invertir su templo en la lucha y realizar reuniones como la celebración de Purim, era arriesgarlo todo. Era como intentar una jugada arriesgada en el bridge, un coup: había que evaluar con precisión los riesgos que se podían justificar y los que había que evitar a toda costa.

Parece que moverse por la ciudad o ir a la rue Vernier no representaba en sí mismo un riesgo considerablemente mayor que cualquier otro desplazamiento urbano en ese momento. Sin embargo, si la Gestapo hubiera realizado una red

ada durante uno de estos encuentros, las consecuencias habrían sido devastadoras, sin lugar a dudas.

En cuanto al número de personas presentes, éramos nueve hombres, acompañados por las jóvenes. Una pequeña asamblea, íntimamente reunida, en busca de espiritualidad y comunión a pesar del peso del terror que acechaba sobre la ciudad ocupada. Cada encuentro, cada oración, entonces tenía el peso de la resistencia, el aliento de una subversión contra una noche interminable que parecía envolver el mundo.

La dirección presente ese día, para la celebración de Purim, agrupaba a los individuos que habíamos podido movilizar. Lo significativo aquí es la rareza de los encuentros y el riesgo asumido por cada una de estas personas, sabiendo los peligros que enfrentaban.

El testimonio del pastor Evrard aporta luz sobre otros eventos, como la trágica historia de Madame Vera Kogan, que intentó quitarse la vida envenenándose. Esta historia era ajena a su grupo y a su implicación; es una anécdota exclusivamente reportada por el pastor. Parece que fue hospitalizada y luego dejada el mayor tiempo posible en el hospital Pasteur para protegerla. Pero finalmente, fue devuelta al hotel Excelsior, donde la Gestapo había establecido su cuartel general.

El encuentro con Gérard, uno de los responsables de la Gestapo en el hotel Excelsior, arroja luz sobre la dinámica psicológica dentro de esta organización aterradora. Por un lado, Evrard describe a Schulz, un hombre tranquilo y educado, sin embargo, conocido por su sadismo, con base en el hotel Hermitage. Por otro lado, estaba Kraus en el hotel Excelsior, una personalidad descrita como demente y extremadamente brutal, conocido por sus accesos de ira aterradores y sus métodos de interrogatorio violentos. En cuanto a Eckerle, parece más moderado, formando un contrapunto a los dos primeros. Gérard, aunque bruto e impulsivo, parecía tener cierta influencia sobre Eckerle, y aunque era primitivo y bruto, era capaz de "buenos movimientos", quizás de clemencia en ciertas circunstancias.

Lo que estas anécdotas ilustran es la complejidad y peligrosidad de la situación para los resistentes y judíos en Niza bajo la Ocupación. Cada acción, cada encuentro, cada gesto estaba cargado de tensiones, y las personalidades encontradas podrían significar la diferencia entre la vida y la muerte.

En su encuentro con Gérard, un influyente miembro de la Gestapo, el pastor Évrard empleó una estrategia que consistía en hablar de un pasado dedicado a la reconciliación de las naciones, destacando su supuesta ayuda a los alemanes antes de la guerra. Esta narrativa parece haber estado impregnada de humanidad y persuasión, con el objetivo de atenuar las tensiones y manipular la situación a favor de Madame Kogan. A pesar de su escepticismo sobre las posibilidades de liberación de esta última, el pastor utilizó su inteligencia emocional para despertar una receptividad en Gérard, quien probablemente era alemán. Para su gran sorpresa, y gracias a la intervención que inició, Madame Kogan fue liberada y dirigida hacia él para expresar su gratitud.

En cuanto a Maurice Cachoud, su notoriedad se extendía más allá de Niza. No era él quien fabricaba los documentos falsos, pero desempeñaba un papel central facilitando contactos entre diferentes movimientos de resistencia locales y el Mouvement de Libération Nationale (MLN). Su capacidad para proporcionar documentos del laboratorio local a través de las redes económicas de la ciudad había extendido su reputación hasta París. Esto lo llevó a asumir la responsabilidad nacional del laboratorio de documentos falsos del MLN, posición que lo convocó a París.

El caso de Maurice Cachoud destaca la complejidad y flexibilidad de las actividades de la Resistencia. Aunque el laboratorio de documentos falsos en Niza estaba operativo, Maurice Cachoud fue responsable de organizar un nuevo taller en París. Aunque no empezó su proyecto desde cero, ya que existían recursos y estructuras en París, su contribución fue hacer este taller más eficiente y operativo, capitalizando lo que estaba disponible.

Lo que distinguía a Maurice Cachoud era su capacidad organizativa, su audacia y, en yiddish, su "chutzpah" - esa temeridad y vitalidad extraordinarias, que dejaron una impresión duradera. Era conocido por abrir puertas que otros considerarían cerradas, coqueteando a menudo con una imprudencia casi increíble. Esto le causó problemas lamentables más tarde, aunque al mismo tiempo siempre estaba extremadamente preocupado por la seguridad de quienes trabajaban con él.

En cuanto a la comunicación con Maurice después de febrero, el contacto no se perdió, pero las comunicaciones se volvieron naturalmente más complicadas y menos frecuentes. Sin teléfono y en un período donde la discreción era vital, las conexiones se hacían a menudo mediante viajes entre Niza y París, por diferentes razones. Estos viajes eran una oportunidad para intercambiar información y mantener un enlace, aunque no con la regularidad de una correspondencia organizada.

Después de que Maurice Cachoud se trasladara a París para encargarse del laboratorio de documentos falsos, me quedé a cargo del sector de asistencia social, mientras que Henri Porriles se centraba más en el grupo de autodefensa. En cuanto a las acciones militantes y directas de este grupo, voy a relatar una descripción que dio Henri Porriles sobre una operación llevada a cabo por el grupo franc.

La narración de Henri Porriles describe una emboscada organizada contra Georges Karakayev. Este hombre, de origen ruso, dividía su tiempo entre la pintura artística y la actividad más grave de denunciar a judíos al enemigo. Una estrategia de espionaje y seducción por parte de una joven del grupo permitió acorralarlo y fijar una cita. El día acordado, la joven se presentó, pero no estaba sola: los miembros armados del grupo franc estaban listos para actuar. Procedieron en bicicleta y rápidamente, el delator fue neutralizado.

Cuando reflexiono sobre el número de objetivos que el grupo franc pudo haber eliminado, no puedo proporcionar un número exacto y prefiero no especular. Estos datos deben estar registrados en los testimonios de los participantes en las diferentes operaciones, en las cuales no participé. Especialmente el hermano de Henri, Isidor Porriles, apodado Zizi, fue clave en estas misiones. Él era un ejecutor clave en este dispositivo, aunque no era el único.

Entre sus camaradas de acción se encontraban Annette Zisman y Marc Lévy, este último se mudó a Israel en 1948

donde murió durante la guerra de Independencia, así como Lucien Rubel. Estos son los miembros principales del equipo que recuerdo, aunque es posible que olvide a algunos.

En cuanto a Ernest Appenzeller, mencionado anteriormente, también participó en estas operaciones. Realmente, él también formaba parte de esta lucha clandestina, llevada a cabo con valentía y determinación. Zizi, cuyo verdadero nombre era Isidor Porriles, y Ernest Appenzeller formaban efectivamente un equipo activo en la Resistencia, aunque no diría que eran inseparables. Colaboraban estrecha y eficazmente en equipo, cada uno desempeñando un papel en las operaciones a realizar.

A partir de abril, las detenciones y denuncias orquestadas por los rusos blancos - estos emigrantes rusos anticomunistas - disminuyeron, aunque el peligro de tales traiciones persistió hasta el desembarco en Provenza. En cuanto a la especificidad del grupo franc, lo que lo caracterizaba eran probablemente los rasgos personales de sus miembros que los inclinaban hacia tales actividades de alto riesgo. Algunos estaban naturalmente inclinados a acciones audaces y operativas, mientras que otros estaban más orientados hacia la asistencia y el apoyo. Había quienes tenían la temeridad necesaria para enfrentar los peligros, y luego estaban aquellos que, sin armas ni posibilidades de defensa, arriesgaban igualmente al actuar en la sombra, a menudo dejados a su suerte y muy vulnerables.

Los jóvenes que participaron en la asistencia clandestina, no solo en Niza sino en toda Francia, a menudo eran inexpertos y se enfrentaban a un peligro inmenso, a veces sin la posibilidad de defenderse. Estos jóvenes se exponían a riesgos considerables y, es cierto, a menudo tenían "mucho miedo" ante la magnitud de estos riesgos. El valor no se mide solo por la capacidad de enfrentar el peligro estando armado; su dedicación era igualmente noble y sus actos igualmente heroicos.

La detención a principios de marzo de mi tío, Louis Hallel, en Montélimar, y el rescate milagroso de su familia, advertida por vecinos, que pudo esconderse y unirse a mis padres en Aix-les-Bains, demuestra la solidaridad y la ayuda mutua que desempeñaron un papel crucial en la supervivencia dentro de un entorno hostil y peligroso. Cada acto, grande o pequeño, es testimonio de la resiliencia y el coraje de aquellos que vivieron esos tiempos oscuros.

En la víspera de Pésaj, la cuestión de las matzot se planteó con urgencia, en un contexto donde cada elemento de la tradición adquiría aún más importancia. Fue gracias a la ingeniosidad de nuestro compañero Jacques Neufeld que pudimos superar este obstáculo. Logró obtener harina y encontró una fábrica de galletas que pudimos hacer cumplir con los criterios de kashrut. Esto nos permitió fabricar las matzot necesarias, que fueron distribuidas por nuestras asistentes antes de la celebración de Pésaj.

Durante un viaje a Le Puy en enero, tuve la oportunidad de conocer a Jean Poliatschek, hijo de un rabino de Altkirch en el Haut-Rhin. Me invité a su casa para el inicio de Pésaj y el Seder. Llevando mis matzot en mi mochila, fui a Le Puy. Allí, Pésaj comenzó con el Seder en la trastienda de un restaurante, donde recitamos la Hagadá, con el ruido de fondo de las botas de los soldados mongoles del ejército alemán estacionados en la ciudad.

Al día siguiente, a pesar del entorno amenazador, se llevó a cabo una tefilá en un lugar discreto y disfrutamos de la naturaleza por la tarde. Esta experiencia fue particularmente emocionante, demostrando la determinación de la juventud judía para afirmar, incluso en la adversidad, o incluso de manera provocativa, su identidad judía y su pertenencia a su pueblo. Una resistencia espiritual que, en los momentos más oscuros, cobra todo su sentido y se convierte en un acto de rebelión y preservación del legado cultural y religioso judío.

Mis padres efectivamente permanecían en Aix-les-Bains durante este período. En cuanto a mi elección de celebrar Pésaj en Le Puy en lugar de con ellos, fue dictada por consideraciones de seguridad. En ese momento, viajar a Le Puy representaba un riesgo menor que ir a Aix. Esta decisión, que responde a su pertinente pregunta, fue guiada por la prudencia en estos tiempos inciertos.

Después de las celebraciones de Pésaj, me dirigí a Vichy, donde había planeado encontrarme con mi hermana Simone. Ella debía viajar de Aix a Vichy, y nuestra intención era visitar juntos a unos primos que se escondían en Châtelmontagne, cerca de la ciudad. Sin embargo, al llegar a la estación de Vichy, recibí una bienvenida perturbadora: mi prima, a quien íbamos a visitar, me informó que la Gestapo había registrado su casa y arrestado a su hermana. Ante esta situación, ya no era factible visitarlos. Simone decidió entonces regresar directamente a Aix-les-Bains, mientras que yo me escondí durante unos días en casa de unos primos que residían en otra ciudad para evitar caer en las redes de la Gestapo. Era una época en la que la más mínima decisión podía tener consecuencias fatales, y la vigilancia era nuestra constante compañera.

La granja en Châtelmontagne donde se escondían mis primos y mi tío Herschel representaba un refugio excepcional de abastecimiento, proporcionándoles una calidad de vida cómoda en estas circunstancias difíciles. Disfrutaban de una libertad relativa, pudiendo moverse dentro de los límites de la granja y los alrededores inmediatos del caserío.

Aunque tenían cierta libertad de movimiento dentro de este perímetro, se mantenían discretos en cuanto a su identidad. Las condiciones de vida no implicaban un encierro constante en un

espacio restringido, sino una limitación en cuanto a la exhibición pública de su presencia e identidad judía. Efectivamente, mis primos y mi tío no estaban confinados a un solo espacio cerrado; no estaban recluidos en una habitación o un ático y podían permitirse salir.

CAPÍTULO 11

Supervivencia judía

La seguridad de su situación dependía en gran medida de la complicidad y discreción de los vecinos. Aunque sospechaban que estos nuevos "campesinos" no eran originarios de la región, su actitud pro-gaullista los hacía confiables y ofrecían su apoyo tácito.

La realidad de los judíos escondidos en Francia durante la Segunda Guerra Mundial presentaba una amplia gama de situaciones, que contrastaban notablemente con lo que uno podría imaginar al referirse a casos como el de Ana Frank en los Países Bajos. En Francia, aunque algunos permanecían bastante confinados, otros adoptaban identidades falsas para integrarse en su entorno. En resumen, la capacidad de las personas para esconderse y mantener una forma de anonimato variaba enormemente, yendo desde una semi-autonomía hasta restricciones más severas en su libertad de movimiento.

El carácter individual jugaba un papel crucial en la forma en que cada uno manejaba su seguridad durante este período de persecución. Algunos, por naturaleza más audaces, a veces tomaban demasiados riesgos, lo que trágicamente los llevó a la deportación. Otros, más cautelosos, también pagaron un alto precio; la audacia no podía ser señalada como la única causa de ser capturado por los alemanes. Durante la gran redada en Niza, aquellos que estaban informados evitaban caminar por ciertas calles, especialmente en el barrio de los Músicos alrededor de la rue Rossini, que era un objetivo principal de los alemanes. Las principales vías del centro, la avenue de la Victoire (hoy avenue Jean Médecin) y las calles circundantes, con sus comercios y lugares de vida, eran particularmente riesgosas y debían evitarse a toda costa.

Con los meses y la disminución de las redadas, cierta forma de relajación en la vigilancia se produjo, siguiendo el principio de los vasos comunicantes. Por mi parte, durante meses, me había prohibido frecuentar la avenue de la Victoire, pero hacia el final de la primavera de 1944, esta reserva se volvió menos estricta, para bien o para mal.

En mi rol de coordinación con las trabajadoras sociales, mis frecuentes desplazamientos se concentraban en barrios considerados menos peligrosos. Me movía en bicicleta, evitando así los lugares demasiado expuestos. En cuanto a la detención de mi tío Louis en Montélimar, ocurrida a principios de marzo, una situación que ya he mencionado, mi tía y mi primo Hubert tuvieron que huir a Aix-les-Bains para refugiarse con mis padres. Este episodio ilustra la precariedad y urgencia de la situación para muchas familias judías en ese momento.

Mi tío, deportado tras su detención, sufrió, lamentablemente, un destino compartido por muchos otros. Ante esta amenaza inminente, mis padres decidieron cruzar la frontera hacia Suiza. Mi primo Hubert fue enviado primero en un convoy de niños a principios de abril, un procedimiento relativamente común en ese momento para intentar poner a los niños a salvo. Luego, mis padres y mi tía Blanche los siguieron a finales de mes. Fueron internados en Suiza, como lo indica su tarjeta de internamiento fechada el 26 de mayo de 1944.

Mi hermana Simone, por su parte, se mantenía con una identidad falsa en Chambéry, donde trabajaba para la organización "Ayuda a las Madres". Esta organización benéfica ofrecía su apoyo a las familias que acababan de recibir un recién nacido, proporcionando asistencia para el cuidado de los bebés y tareas domésticas relacionadas con esta llegada.

En cuanto al cruce a Suiza, la organización dependía de la discreción y el conocimiento perfecto del terreno por parte de los contrabandistas. Tenían que ser expertos en senderos e informados sobre los horarios de las patrullas alemanas para aumentar las posibilidades de cruces exitosos. A cambio de sus servicios, estos contrabandistas eran remunerados, aunque el cruce a menudo se posponía debido a la presencia creciente de tropas alemanas en la frontera. Finalmente, guiaban a las personas

hasta un cierto punto antes de dejarlas continuar solas.

En cuanto al grupo de niños al que se unió Hubert, los detalles exactos de la organización de este convoy me escapan, pero había muchas iniciativas en ese momento, a menudo ad hoc, llevadas a cabo por organizaciones como la OSE (Œuvre de Secours aux Enfants) o de manera más informal, con grupos de niños transitando por diferentes rutas para pasar a Suiza o a otros lugares seguros.

Sí, hubo cierta coordinación entre las diversas organizaciones dedicadas al rescate y el cruce de judíos, especialmente de niños. Sin embargo, la situación precaria y las circunstancias particulares de cada uno a menudo requerían iniciativas privadas o personales en lugar de acciones puramente organizadas.

De hecho, organizaciones como los Éclaireurs Israélites (EI) y el Mouvement de la Jeunesse Sioniste (MJS), así como la Œuvre de Secours aux Enfants (OSE), llevaron a cabo operaciones estructuradas y muy organizadas para hacer cruzar a los niños, pero la gran variabilidad de contextos y necesidades implicó una gran diversidad en los métodos empleados.

Para cruzar a Suiza, era necesario encontrar un contrabandista. Mi hermana estableció el contacto con uno para ayudar a mis padres a cruzar la frontera. El contrabandista elegía el momento oportuno según la información de la que disponía sobre las patrullas alemanas, guiando a la gente hasta la frontera antes de indicarles el camino a seguir solos.

En cuanto a los niños organizados en grupos para cruzar la frontera, aunque no tengo todos los detalles, es seguro que se formaron varios grupos y que cruzaron gracias a diferentes redes y organizaciones, algunas de las cuales podían ser ad hoc, sin afiliación fija a una estructura de socorro.

Al regresar a Niza en abril de 1944, fui testigo de una escena desgarradora en la Abbaye Saint-Paul. Monique Picard, una conocida de Montpellier, vino en un estado de desesperación para anunciarme la detención de su hermano durante una redada en una casa de niños cerca de Grasse. A pesar de nuestros intentos de hacerle llegar un certificado de bautismo, con el cual probablemente habría podido ser liberado, la confusión en torno a su identidad falló en prevenir su deportación, ya que fue registrado bajo el nombre de nacimiento de su madre, Cerf, y no bajo el nombre Picard presente en el certificado.

En cuanto a mis viajes a Montecarlo, las redadas también generaban una tensión palpable. Mis contactos, Georges Bloch y Elie Cohen, también tuvieron que esconderse, ellos también habían intentado pasar a Suiza, pero fueron arrestados. Parece que pudieron pagar su liberación, aunque las circunstancias exactas de esta liberación siguen siendo confusas. Cambiaron de dirección en Montecarlo para seguir evitando la detección.

Respecto al acceso a las playas, estaban prohibidas durante la guerra, especialmente después de la ocupación alemana que había instalado fortificaciones en previsión de un posible desembarco aliado. La Promenade des Anglais y las calles de acceso estaban bloqueadas por obstáculos de concreto. Antes de la llegada alemana, la Promenade era un lugar de vida animado por los habitantes de Niza y los judíos.

A pesar de todo esto, mantenía un compromiso personal en la vida judía, y cada sábado por la tarde iba a estudiar la Parashá de la semana con Prosper Weil, un adolescente cuya familia, originaria de Bouxwiller, se había refugiado en Niza. Esto sucedía a pesar de la cercanía de la Gestapo, prueba de la resiliencia ante la opresión.

Los Weill, huyendo de Alsacia, habían encontrado refugio en Niza, un exilio interno cargado de incertidumbre y del peso de los días. En esa época, escuchar Radio France Libre de Londres constituía un acto de resistencia en sí mismo, dada la prohibición de poseer una radio. Aunque no tenía una personalmente, conocía suficientes personas donde las ondas de la libertad eran captadas secretamente. Las noticias que transmitían nos llegaban, manteniéndonos informados, esperando el desembarco durante esa primavera del '44.

Las noticias de Italia eran amargas; los Aliados luchaban con tenacidad, avanzando con una lentitud exasperante en medio de un costo humano que no dejaba de aumentar. Mussolini, por su parte, no dejaba de demostrar su habitual arrogancia. El destino de nuestros compatriotas deportados era motivo de preocupación día y noche; temíamos lo indecible, sin poder anticipar nunca la verdadera horror de lo que estaban sufriendo, esa realidad que superaba la comprensión humana. Fue solo después de la liberación cuando la verdad nos fue revelada en toda su brutalidad, un horror que superó nuestras más oscuras imaginaciones.

El impacto de estas revelaciones debía encontrar un contrapeso en la solidaridad, ya que el ánimo de cada miembro de nuestro grupo sufría. Separados de nuestras familias, era una lucha constante para mantener la cabeza fuera del agua, para seguir esperando. Cuando el 6 de junio de 1944, las noticias del desembarco nos llegaron, fue un alivio monumental que nos invadió a todos, un soplo de esperanza de liberación que sacudió nuestros corazones.

Sin embargo, esta luz no cambió nuestros problemas del momento: la escasez de alimentos empeoraba y las detenciones continuaban. En ese período crítico, habíamos adaptado una habitación de hotel como secretaría clandestina gracias a la complicidad de los propietarios pro-gaullistas del hotel Assalit, ubicado cerca de la estación en Niza. Allí, Jacqueline Cotliard, actuando como secretaria, recibía y redistribuía los documentos falsos producidos por el laboratorio, esenciales en nuestra lucha por la supervivencia.

A pesar de la presión, el hotel Assalit se había convertido en un microcosmos de resistencia, un lugar casi ordinario en la superficie, pero el teatro de acciones ilegales pero necesarias. La precaución era esencial; al menor signo sospechoso, todo se ocultaba bajo un colchón. Jacqueline a menudo trabajaba sola allí, y nosotros solo veníamos para transmitir o recibir información crucial, y siempre durante las horas discretas de la mañana y de la tarde.

Durante este período en Niza, estábamos a cargo de aproximadamente 430 personas, una cifra que se mantuvo relativamente estable desde el último recuento. Los rostros no eran necesariamente los mismos, es cierto. Algunos habían sido llevados por el terror

de las deportaciones, y habíamos visto llegar nuevos casos. Individuos, hasta entonces silenciosos por orgullo o por miedo, se revelaban ante nosotros, impulsados por la desesperación. Sus reservas disminuían con el tiempo, y la escasez no les dejaba otra opción que buscar ayuda.

En el pasado, antes de alcanzar este número de 430, habíamos logrado redistribuir a algunos refugiados en áreas donde el abastecimiento era más fácil. Después de eso, a pesar de ligeras variaciones, nuestro número oscilaba alrededor de los 430, y los desafíos seguían siendo significativos. Sin embargo, nuestra situación financiera se estaba volviendo cada vez más preocupante. Siempre manteníamos una reserva de emergencia, un "margen de seguridad", pero este estaba disminuyendo de manera alarmante. Así, había tomado la decisión de ir a París para solicitar ayuda a Maurice. Lo encontré en el hotel Montpensier, pero las noticias no eran alentadoras en cuanto al apoyo financiero.

Sin embargo, tuve la oportunidad de observar la ingeniosidad y audacia de su trabajo. En la explanada de los Inválidos, durante reuniones clandestinas apodadas "meetings cachoud", Maurice orquestaba una intensa distribución de documentos falsos, animando cada intercambio con pasión y urgencia. A pesar de esto, nuestros medios financieros seguían siendo limitados. Sin embargo, el destino cruel nos alcanzó el 18 de julio. Una traición maliciosa llevó a Maurice y sus compañeros a caer en una emboscada orquestada por el agente doble Charles Porel. Prometiendo armas paracaidistas de Inglaterra, los llevó directamente a la Gestapo. Maurice, Ernest Appenzeller, el rabino René Kapel y otros fueron capturados; a pesar de la tortura, Maurice no reveló nada.

Tras este trágico incidente, nuestros medios de comunicación se vieron alterados. No teníamos contacto directo con la familia de Maurice; su dirección nos era desconocida. Solo más tarde supimos de su triste destino. Se celebró una reunión el día de Tisha B'Av, el 30 de julio, donde aprendimos la terrible noticia. Tuvo lugar en el apartamento de Madame Nardi, en el château Roussey-Gouran, un lugar que siempre habíamos considerado seguro.

Desesperados pero resueltos a perseverar, elegí intentar mi suerte en Montecarlo, siguiendo una dirección proporcionada por Georges Bloch. Los desplazamientos eran difíciles, obstaculizados por los dispositivos militares alemanes, los bloqueos y las amenazas de minas. La destrucción de la estación de Saint-Roch, por su parte, había reducido severamente las conexiones ferroviarias hacia Montecarlo, complicando aún más la tarea.

Para maximizar mis posibilidades, opté por el disfraz de explorador, sombrero en la cabeza y pantalones cortos. Así vestido, me lancé al camino. El viaje era complejo, salpicado de tramos realizados a pie y en autocar. Finalmente, llegué a destino en casa de los Gessula, quienes parecían sorprendidos de ver llegar a un personaje de mi tipo. Sin embargo, su acogida fue de lo más cálida. Pudieron darme una pequeña suma de dinero y se comprometieron a intentar recolectar más entre sus relaciones.

La mañana del 15 de agosto, fui despertado por el ruido ensordecedor de la artillería. Humo se elevaba en la distancia, señal de las explosiones que marcaban el desembarco aliado en Provenza, especialmente en Var. Tomó casi dos semanas antes de que Niza fuera liberada. Durante este tiempo, unos quince judíos habían sido arrestados y estaban en manos de la Gestapo. El transporte hacia Drancy ya no era viable, las vías ferroviarias estaban cortadas.

Temíamos que los alemanes se entregaran a ejecuciones o actos de tortura en un último acceso de barbarie. Afortunadamente, todos estos detenidos fueron liberados. Nuestros temores resultaron infundados. Tomados por el pánico ante la idea de estar cercados, los alemanes huyeron precipitadamente, sin encontrar tiempo para organizar más violencia.

Este período estuvo marcado por cierta confusión; no sabíamos realmente qué esperar. ¿Era realmente el fin del conflicto? Sabíamos al menos que un cambio decisivo estaba cerca. Sin embargo, la intención de los Aliados no era clara para nosotros, su objetivo inmediato parecía ser avanzar hacia el norte, dejando Niza un poco al margen de su marcha.

Finalmente fueron los soldados estadounidenses quienes llegaron primero, y no las fuerzas de la Resistencia francesa. Sin embargo, la presencia de los alemanes se redujo rápidamente, en parte gracias a la acción de los Maquis. ¿En qué medida estos últimos influyeron en la retirada alemana? Es difícil de evaluar, pero éramos conscientes de su presencia e incluso teníamos vínculos con varios grupos a los que proporcionábamos documentos falsificados. Estos mismos grupos nos abastecían de armas para las fuerzas combatientes francesas.

El 27 de agosto, recibimos las instrucciones de nuestro jefe local de la resistencia. Estábamos afiliados a los FTP, Francotiradores y Partisanos de obediencia comunista, bajo la dirección de René Cantat. Gracias a su red, habíamos sido movilizados para neutralizar el búnker en la avenida de la estación en Niza. Así que recibimos la orden de dirigirnos hacia el objetivo con la mayor precaución, y de no exponernos. No era tarea fácil, pero logramos posicionarnos a una distancia desde donde podíamos enfrentar al enemigo. Para la ocasión, nos habían distribuido armas – fusiles, nada muy elaborado, pero era todo lo que teníamos.

Tan pronto como disparamos nuestros primeros tiros, la respuesta alemana no se hizo esperar: una intensa balacera. Afortunadamente, no tuvimos heridos de nuestro lado. Después de unos momentos, uno de nuestros vigías, ubicado más alto en un edificio vecino, nos informó que los alemanes abandonaban su posición, disparando para cubrir su retirada.

Unos treinta minutos más tarde, avanzamos y, después de algunos intercambios de fuego adicionales, constatamos que los alemanes habían evacuado el búnker y se habían replegado. No sabíamos si habían sufrido bajas, pero lo más importante para nosotros era que los nuestros estuvieran sanos y salvos.

La mañana del 28 de agosto, la noticia se difundió: ya no había alemanes en la ciudad. Los cuarteles y los puntos de control habituales habían sido abandonados. Las tropas estadounidenses, por su parte, estaban en Saint-Laurent-du-Var, muy cerca de Niza. Tomé mi bicicleta hacia Arenas, al oeste de la ciudad, y allí encontré soldados estadounidenses, sentados en las aceras, refrescándose y comiendo sus raciones. Parecían agotados, sus equipos pesaban mucho sobre sus hombros. Cuando se levantaban para avanzar, caminaban lentamente. Así que no era un desfile de victoria triunfal, sino más bien la progresión laboriosa de soldados cansados, sin fanfarria ni ceremonia.

Sobre el origen de los soldados estadounidenses que encontramos, es verdad que no podría responder con precisión. Su recorrido podría provenir del Norte de África e incluir la campaña de Italia, pero eso requeriría

conocimientos militares específicos. En cuanto a la consigna que habíamos recibido, consistía en reunirnos en Cimiez, para buscar al prefecto nombrado en la clandestinidad, un tal Moyon. En el camino, encontré un Peugeot abandonado que requisé temporalmente para seguir el cortejo con algunos camaradas hasta la prefectura. La ciudad rebosaba de alegría con los habitantes amontonados en las aceras, mostrando su júbilo en esta ocasión señalada.

Moyon era entonces el nuevo prefecto de Niza, un socialista designado por los organismos de resistencia como prefecto provisional.

La iniciativa que vino luego de uno de nuestros camaradas fue ocupar inmediatamente la comisaría de asuntos judíos. Era un lugar totalmente abandonado; fuimos recibidos por un guardián aterrorizado que nos dejó tomar posesión del lugar. Esto nos permitió transferir nuestras actividades de la clandestinidad a una visibilidad abierta.

Con respecto a los archivos en la comisaría, no fuimos nosotros quienes nos encargamos de su recuperación, sino más bien grupos de la Resistencia especializados. Lo que pude encontrar en el escritorio del comisario, que ocupé posteriormente como director de la oficina, eran varios sellos oficiales, pero en ese momento, la idea de salvaguardar estos documentos como pruebas para un posible testimonio me parecía lejana, y en la urgencia de la situación, no fue mi prioridad.

Teníamos a nuestra disposición una serie de oficinas, y muy pronto, judíos saliendo de sus escondites vinieron a vernos, esperando que pudiéramos resolver sus múltiples preocupaciones. Era incluso antes de que pudiéramos establecer un sistema organizado, y era necesario proporcionarles alimentos. Nuestras cajas estaban vacías, pero milagrosamente recibimos fondos de una fuente inesperada. No puedo precisar de dónde provenía esta sorprendente aportación, pero una donación de 750,000 francos del comité regional de la Resistencia nos llegó, una suma que nos fue extremadamente útil para cubrir las necesidades más urgentes de aquellos que se presentaban ante nosotros.

Los fondos que habíamos recibido se utilizaron como ayuda de emergencia para las familias cuyas listas habíamos mantenido durante la clandestinidad. Nuevos casos se revelaron en esta ocasión y los criterios para distribuir la ayuda no estaban inicialmente claramente establecidos. Tuvimos que tomar decisiones rápidas para proporcionar los primeros auxilios, en ausencia de una experiencia formal en el trabajo social. Nuestro enfoque se basó mucho en el sentido común y la determinación de aquellos que se improvisaron asistentes sociales en el campo.

Mientras nos ajustábamos a esta nueva realidad y a nuestra transición hacia un papel abiertamente social, la red de asistencia también salía de la sombra. Moussa Abadi, en colaboración con la OSE (Œuvre de Secours aux Enfants), había organizado una red de rescate de niños judíos, que habían sido escondidos en instituciones católicas de la región. Con el apoyo del Obispado, la señorita Lagache llevaba meticulosamente los expedientes de sus protegidos. Acompañando un día a Moussa Abadi al Obispado, pude constatar el estima y la calidez con las que era recibido allí.

Abadi gestionaba varios cientos de niños – el número exacto escapa de mi memoria, pero oscilaba entre 100 y 200, sabiendo que algunos habían sido enviados a Suiza u otros lugares. Por otra parte, un ruso blanco, ex miembro del gobierno de Kerensky, Rogovski, y su fiel secretaria Olga Mas, también habían salido de la clandestinidad. Durante la Ocupación, habían ayudado a judíos y quizás también a no judíos de la comunidad rusa.

CAPÍTULO 12

La infancia mártir judía

Tras la Liberación, los niños escondidos comenzaron a ser devueltos a sus familias bajo la gestión de Abadi. Él también tenía que asumir los gastos de pensión en las instituciones de acogida, aunque la fuente de sus fondos me es desconocida. Es cierto que quedaron huérfanos, pero no puedo proporcionar detalles al respecto.

En la comunidad judía, con la Liberación, la vida comenzó a retomar su curso normal. La gente pudo empezar a recuperar sus bienes y encontrar trabajo, señal de un lento retorno a una existencia menos marcada por la urgencia de necesidades inmediatas y por los horrores de la guerra. El paso de los años de ocupación a la posguerra estuvo marcado por situaciones personales extremadamente variadas. Algunas personas pudieron retomar rápidamente sus actividades profesionales, mientras que otras sufrieron debido a que sus negocios habían sido confiados a administradores provisionales, a veces siendo despojados en el proceso.

No había una regla uniforme en cuanto a la recuperación de bienes y actividades. Los más emprendedores comenzaron a reconstruir sus empresas donde era posible, mientras que otros enfrentaron serias dificultades. Todo esto se hizo de manera gradual, los cambios no ocurrieron inmediatamente después de la Liberación. Los primeros días de libertad recuperada estuvieron marcados por cierta confusión y euforia; no siempre sabíamos dónde concentrar nuestros esfuerzos. Sin embargo, un punto crucial seguía siendo ofrecer a la gente la posibilidad de alimentarse. La suma de la que disponíamos permitió superar este período crítico.

Éramos jóvenes y con poca experiencia, pero los principios de Maurice permanecían firmemente arraigados: nada de política superflua, ni discursos vacíos, sino acciones concretas que respondían a obligaciones claras. Para nosotros, era esencial tener un estatus legal para nuestras actividades. Así que creamos una estructura oficial ante las autoridades, el Comité Israelita de Acción Social, que más tarde serviría de modelo para el COJASOR, el Comité Judío de Acción Social y de Reconstrucción.

El registro de nuestra asociación en la Prefectura nos sumergió en el torbellino de las luchas políticas de la época. El Prefecto Moyon, socialista, había sido reemplazado por un comunista. Virgile Barrel, por su parte, había tomado autoritariamente la alcaldía de Niza y jugaba un papel clave para el Partido Comunista local.

A pesar de la fuerte presencia de FTP y comunistas activos en Niza, capaces de imponerse por su presencia activa en el terreno, también estaba la UJRE, Unión de Judíos para la Resistencia y la Ayuda Mutua, que reivindicaba la representatividad de la comunidad judía. Tuve que defender nuestra causa en un enfrentamiento memorable en la prefectura contra el abogado comunista Maître Jacques Lippmann. Aunque su elocuencia era impresionante, nuestra misión y visión prevalecieron con el tiempo, permitiéndonos continuar nuestro trabajo al servicio de la comunidad.

En el período posterior a la liberación y el fin de la clandestinidad, la organización que dirigía no buscaba juicio ni justificación. Tampoco insistimos en nuestra inscripción oficial en el registro de asociaciones; simplemente continuamos nuestras actividades como si nada hubiera pasado. Por eso había dicho que la caravana pasa. Lo que se hizo claro es que la UJRE parecía estar especialmente interesada en los recursos financieros que habíamos recibido. Tenían noticias de nuestra asignación del comité regional de la resistencia y, como carecían de fondos, esto les atraía.

En cuanto a la idea de que la UJRE pudiera infiltrar nuestra organización, me parecía poco probable, ya que la mayoría de los jóvenes involucrados eran de orientación sionista y no estaban alineados con las perspectivas comunistas. De hecho, contábamos con el apoyo del Maître Edmond Montel, decano de abogados de Niza, quien se convirtió en el presidente honorario de nuestra asociación. Su apoyo nos ayudó a continuar nuestra misión. Mantuve el contacto con Montecarlo para asegurar la continuidad del financiamiento mientras establecíamos

relaciones con el Joint o con otras organizaciones que se reorganizaban a nivel nacional.

Nuestros días no solo estaban dedicados a negociaciones; estábamos principalmente absortos en el trabajo social concreto, respondiendo a numerosas solicitudes. Comenzamos a establecer expedientes, adquirir el material necesario, crear archivos y documentación. Hablando de esto, me gustaría ilustrar con las listas de nombres que teníamos durante la clandestinidad, que compilaba con asignaciones quincenales. Allí se ve el número de personas por familia y las firmas o huellas que atestiguan la recepción de los fondos. En una de las listas, verás la mención "capturado" en lugar de una firma, lo que indica a una persona que había sido arrestada. Las cantidades variaban, yendo de 300 a 400 francos de la época en promedio, según el número de personas por asignación.

En septiembre de 1944, tuve las primeras noticias de mi familia. Mis padres estaban internados en Suiza y mi hermana Simone, de quien no había tenido noticias durante meses, se había quedado en Chambéry hasta la Liberación, y luego regresó a Aix mucho antes que ellos. Ella se encargó de una casa de niños que el rabino Soal había montado para acoger a los niños escondidos en la región. Lamentablemente, muchos de estos niños nunca pudieron ser devueltos a sus padres deportados. A finales de septiembre, también recibí una carta de Henri Porriles, fechada el 4 de septiembre, anunciándome que había logrado escapar con Ernest después de haber sido arrestado el 18 de julio. Su madre se había quedado en Niza, donde se había escondido.

Después de esto, tomé contacto con los organismos parisinos agrupados en el COJASOR para preparar solicitudes de subvención, ya que nuestros recursos de la época clandestina se habían agotado. La gente estaba menos disponible que antes porque ahora estaban centrados en la reconstrucción de su propia vida después de la Resistencia. Dirigido por Fink y Topiol, el COJASOR se estaba convirtiendo en un actor clave en París. En cuanto a Fink, no estoy seguro de si había regresado a Niza, pero sé que había sido escondido y se estableció en París después de la Liberación.

También tenía que prever los salarios de mis asistentes, quienes obviamente no podían continuar sin remuneración, y financiar los gastos de oficina como la electricidad y la calefacción. Así, tuve que pensar en cómo sostener financieramente la infraestructura necesaria para nuestro trabajo social en este período de transición. Los servicios de Yom Kippur se llevaron a cabo como estaba previsto en el bulevar Dubouchage, que poco a poco recuperaba su efervescencia habitual. Entre las personalidades destacadas, estaba el señor Dubinsky, el respetado presidente de Dubouchage, y el Rabino Rubinstein, que más tarde se convertiría en rabino en París en el barrio de la rue Pavée. Antes de dejar la región, había tomado la responsabilidad del Minyan Dubouchage.

Un pintor llamado señor Berzon, reconocible por su bigote tradicional, así como el hazán, señor Katz, también eran personajes bien conocidos en la comunidad. Durante este período, también había cierta agitación debido a la presencia estadounidense, con un floreciente mercado negro de alcohol, cigarrillos y conservas, como se podría imaginar. El señor Katz, su esposa y su hija Yeta, que más tarde se unió a nuestro equipo, habían sido arrestados justo antes del desembarco en Provenza. Fueron parte de las 15 personas que fueron liberadas después de que los agentes de la Gestapo huyeran tras el desembarco. Esa fue la última detención judía en Niza.

En cuanto al suministro de alimentos, seguía siendo muy limitado a pesar de la aparición del pan blanco. Los soldados estadounidenses eran una fuente importante de abastecimiento para nosotros. En Niza y sus alrededores, poco agrícolas y bastante áridos, era difícil obtener provisiones, aparte de algunas frutas y aceitunas. Incluso productos como el queso provenían principalmente de las Altas Alpes, por lo tanto, bastante lejanos. Las redes de transporte y los suministros de gasolina aún no habían vuelto a la normalidad. El edificio en el 15, avenida de la Victoire, se había transformado en un lugar bullicioso de actividad, donde continuábamos trabajando para responder a la urgencia y las necesidades de nuestra comunidad en esta era de reconstrucción.

Me enfrenté a numerosos incidentes con las personas que asistíamos. Rápidamente tuvimos que empezar a hacer una selección, basada en la información que lográbamos recopilar. Descubrimos que algunos de los que solicitaban ayuda tenían en realidad fondos ocultos. El número de incidentes ruidosos y confrontaciones comenzó a aumentar. A veces, tuve que intervenir frente a individuos que empezaban a gritar en nuestras oficinas, amenazaban con destrozar todo si no les dábamos dinero, refutando todas las acusaciones en su contra.

En algunos casos, tuvimos que decidir de manera arbitraria. De lo contrario, nuestro fondo se habría agotado rápidamente. Este tipo de fenómeno no era nuevo, pero durante la clandestinidad no teníamos las mismas capacidades de control. Teníamos que confiar en gran medida en la intuición y el juicio de nuestros trabajadores sociales para discernir quién realmente necesitaba ayuda y quién exageraba o no la necesitaba realmente. Paralelamente, diferentes obras sociales resurgieron. El Consistorio se reorganizó, con personalidades destacadas como el señor Théodore Kahn, la señora Bader y el señor Berland. Fue en este momento cuando se creó, gracias a la iniciativa del señor Kowarski, un fondo de préstamos que otorgó préstamos de honor, permitiendo a muchas personas reiniciar su vida profesional.

La primera actividad conjunta con el COJASOR en París, aún llamado así en ese momento, se lanzó bajo el patrocinio moral de lo que había sido el CRIF, incluyendo un fondo de préstamos para ayudar a las personas necesitadas a recuperarse después de la guerra. Fue un período de reconstrucción difícil, donde teníamos que equilibrar la ayuda inmediata con la necesidad de promover la autonomía y el reinicio económico de los asistidos. El CRIF, el Consejo Representativo de Instit

uciones Judías de Francia, es una organización representativa que se reorganizó después de la guerra. De hecho, a iniciativa del señor Berland, se hicieron préstamos de honor, lo que contribuyó en gran medida a apoyar la reconstrucción y la ayuda mutua en la comunidad judía.

A mi regreso a París, el CRIF se involucró en diferentes proyectos, incluyendo el patrocinio de una semana de la infancia judía-mártir. En este esfuerzo, se nos enviaron bonos de apoyo a la infancia judía-mártir para ser vendidos. Me entregaron bonos de 5 y 10 francos, lo que me pareció bastante insignificante; no creía que pudiéramos recaudar una suma significativa con montos tan pequeños. Por lo tanto, tomé la iniciativa de imprimir en Niza bonos de hasta 10 000 francos, que comenzamos a vender. Tuvimos cierto éxito en esta empresa, pero lo que fue particularmente notable es que obtuvimos el acuerdo de la inspección académica para que estos bonos se vendieran en todas las escuelas del departamento de Alpes-Maritimes, por supuesto a montos más pequeños.

Esta campaña fue una forma no solo de recaudar fondos, sino también de sensibilizar a los jóvenes sobre la historia reciente y los sufrimientos soportados por los niños judíos durante la guerra. Fue un período en el que la solidaridad y la educación sobre el Holocausto ocuparon un lugar central en los esfuerzos de reconstrucción de la comunidad judía y de la sociedad francesa en su conjunto. En ese momento, nuestros esfuerzos para apoyar a la infancia judía mártir se vieron reforzados por el apoyo del señor Virgile Barrel, el alcalde de Niza, quien había aceptado venir para el lanzamiento de nuestra campaña. Este evento incluso fue cubierto por un periodista local, lo que contribuyó a aumentar la visibilidad de nuestra acción. Esta actividad requirió mucha energía, pero también nos permitió recaudar una suma sustancial. Naturalmente, los fondos recaudados tuvieron que ser enviados al comité nacional, no teníamos su disposición directa. Sin embargo, el aspecto más crucial era sensibilizar a la población no judía sobre la tragedia de la infancia judía mártir.

También obtuve una autorización especial de la cancillería de Mónaco para poder vender estos bonos en el principado. Esto representó un paso importante para extender nuestra acción más allá de Niza y alcanzar a un público aún más amplio. Para la distribución de estos bonos, recurrí a todos: todos aquellos que estuvieran dispuestos a ayudarnos. En las escuelas, la venta de los bonos se organizó gracias a la colaboración de la inspección académica. Fue un momento de solidaridad y compromiso, que mostró la voluntad común de reconstruir y recordar, a raíz de uno de los períodos más oscuros de nuestra historia.

Justo después del fin de la clandestinidad, siendo aún joven, comencé a contemplar el futuro y a discutir las diferentes opciones disponibles para mí. Naturalmente, comprometido en la acción y movido por ideales fuertes, la idea de ir a Palestina emergió como una aspiración mayor. Este período estuvo marcado por una intensa actividad de reflexión y debate dentro de nuestro grupo, y para alimentar esta efervescencia intelectual y militante, editamos durante tres o cuatro meses un pequeño boletín dactilografiado que llamamos "Tekhelet-Lavan". Este periódico fue el vehículo de numerosas posiciones, a veces críticas hacia los responsables de la comunidad judía a nivel nacional. Los acusábamos de no haber ayudado suficientemente a los judíos escondidos durante la guerra.

Recuerdo haber escrito una carta abierta dirigida al gran rabino de Francia en aquel momento, Isaïe Schwartz, en la que le pedía de manera bastante directa que cediera su lugar a personas más activas. Sentíamos la necesidad de una renovación dentro de las instituciones de la comunidad, de nuevas y emprendedoras energías capaces de romper con la rutina establecida y aportar nuevas perspectivas.

En cuanto a la recaudación de fondos a través de los bonos de la infancia judía-mártir en las escuelas, gracias al acuerdo de la inspección académica, lamentablemente no tengo cifras exactas que dar, ya que no encontré rastros de este monto. Pero este esfuerzo de sensibilización sigue siendo para mí un momento importante de reconstrucción y compromiso en favor de la memoria colectiva y la justicia para las víctimas más jóvenes del Holocausto. Con el trasfondo trágico de las noticias que nos llegaban poco a poco de los campos de deportación, nos dimos cuenta de la verdadera magnitud del desastre. Las peores aprensiones que habíamos imaginado resultaron ser muy inferiores a la terrible verdad. Los deportados solo comenzaron a regresar después del armisticio, en el verano de 1945, pero la información había filtrado mientras tanto.

Al mismo tiempo, los movimientos juveniles, como los EI (Éclaireurs Israélites) y otros, experimentaban una actividad desbordante. Pronto notamos una falta cruel de material pedagógico, especialmente la ausencia de un libro de canciones. Las canciones son vitales en los movimientos juveniles, son el corazón y el alma del espíritu colectivo y la camaradería. Muchos de nosotros conocíamos numerosas canciones, pero nadie las conocía perfectamente de memoria y no existía ningún documento de referencia.

Tomé la iniciativa de imprimir un libro de canciones, con la ayuda activa de Prosper Weil, a quien ya he mencionado anteriormente. Naturalmente, el libro fue impreso en caracteres latinos. Comenzamos a transcribir las canciones, con las letras traducidas al francés justo debajo. Muy rápidamente, pudimos imprimir estos libros de canciones en 500 ejemplares. Fue un proyecto simbólico importante, que jugó un papel esencial en la preservación de nuestro patrimonio cultural y en la transmisión de los valores de nuestra comunidad a las jóvenes generaciones, en el esfuerzo colectivo de reconstrucción después de la guerra.

Encontré la factura de los libros de canciones que habían sido impresos en las prensas del periódico "Le Patriote niçois", y su edición se llamaba "De l'Aurore". El pedido había sido realizado por el movimiento de juventudes sionistas, para el cual habíamos impreso 500 libros de canciones. Revisando mis cálculos de aquella época, había determinado que deseábamos conservar 50 libros para los movimientos juveniles, destinados a los responsables, y que planeábamos vender los 450 restantes. Me encargué de definir el precio de coste dividiéndolo por 450, con la factura fechada el 22 de diciembre de 1944.

También organizamos una fiesta de Janucá ese año, que resultó ser extremadamente exitosa. Tuvimos la suerte de contar entre nosotros con un grupo de hermanos y hermanas, los Pomeranz, que eran incansables y dotados para la organización de celebraciones públicas

. Animaron la fiesta de Janucá de una manera absolutamente notable, haciendo de este momento uno vivo y alegre para muchas personas que habían vivido escondidas durante la guerra. Estas iniciativas eran esenciales para revivir nuestra comunidad y ofrecían momentos de consuelo y compartir necesarios después del oscuro período que acabábamos de atravesar.

La fiesta de Janucá había sido la primera ocasión para reconectarse socialmente con la tradición judía después de la guerra. Era una afirmación de nuestra identidad y un momento de consuelo para todos nosotros. Además, me había informado sobre un grupo de refugiados ubicado en Cuneo, Italia. Este grupo había logrado salir de Francia con los italianos a tiempo y había podido mantenerse, como ya había mencionado en discusiones anteriores. Había planeado visitarlos, habiendo obtenido ya todos los pases y autorizaciones necesarios, pero lamentablemente, las autoridades militares cerraron la frontera y no pude ir a Cuneo.

Durante el invierno, tuvimos que enfrentar muchos problemas materiales. Quiero rendir homenaje a la familia Roux, amigos no judíos de Jeannette Ewselmann, quienes nos brindaron su apoyo siendo proactivos en la causa de la Francia liberal y muy favorables a los judíos. Su apoyo fue valioso. También quiero expresar mi gratitud a la familia Katz, que me acogió en su hogar con extrema amabilidad. Las noches del viernes que pasé con ellos, en un ambiente impregnado de cantos, siguen siendo un recuerdo conmovedor y cálido.

Al regresar Jeannette Ewselmann, ella también se unió a nuestro grupo y contribuyó a nuestra actividad social. Con la llegada de Pésaj, las matzá fueron horneadas en una panadería especializada, el señor Mrowka, un judío que poseía una fábrica de galletas y matzá incluso antes de la ocupación alemana. La única dificultad era la asignación de harina, que finalmente logramos obtener para él.

Estos períodos de festividades judías eran la ocasión para reforzar nuestro sentido de pertenencia y continuar el trabajo de reconstrucción de la comunidad judía después de las terribles pruebas de la guerra. Así llegamos a Pésaj 1945. Durante este período, mis padres habían regresado de Suiza y habían retomado su alojamiento amueblado en Aix-les-Bains. Es importante destacar la benevolencia y amistad de sus propietarios, el señor y la señora Blanc, quienes habían cuidado muy bien los bienes dejados por mis padres, y esto con una discreción indispensable durante la Ocupación.

En lo que respecta a un posible retorno de mi familia a Estrasburgo, se consideró, pero las hostilidades de la Segunda Guerra Mundial aún no habían terminado en ese momento. Hubo, de hecho, la contraofensiva de las Ardenas y un nuevo cruce del Rin por parte de los alemanes, y nada era aún seguro en cuanto al resultado del conflicto.

Por lo tanto, decidimos organizar un Seder colectivo para Pésaj, que requirió una supervisión rigurosa, especialmente del Rabino Songalowski. Fue un esfuerzo considerable: teníamos que kasherizar toda una cocina en un gran restaurante del centro de la ciudad, y todo nuestro equipo trabajó arduamente para lograr este evento.

En cuanto al número de judíos que quedaban en Niza en ese momento, me resulta difícil proporcionar una cifra, incluso aproximada. Durante la Ocupación, hubo estimaciones de alrededor de 30.000 judíos en la región, pero en mi opinión, este número es algo exagerado. Yo diría que éramos alrededor de 20.000. E incluso creo que un buen número había abandonado la región desde entonces.

Creíamos que varios miles de judíos habían sido arrestados en Niza y en los Alpes Marítimos, pero en realidad, según los documentos establecidos más tarde, hubo menos de mil que fueron arrestados y que pasaron por el campamento de Excelsior en Niza. Es posible que algunas personas hayan sido deportadas directamente sin pasar por Excelsior, y en ese caso, no están incluidas en esta estadística, pero la cifra era mucho menor de lo que la magnitud de las redadas podría haber hecho temer. Por supuesto, incluso un solo arresto es demasiado, y nuestros pensamientos estaban con cada uno de los que sufrieron.

El Seder de Pésaj fue un gran éxito, aunque los asistentes estaban impacientes, ansiosos por "salir de Egipto" y comer las albóndigas. Es una reacción muy humana; sin embargo, la mayoría de los participantes expresaron su satisfacción. Jeannette Ewselman desempeñó un papel crucial en la organización de este Seder, y pudimos celebrar este éxito con un paseo en el amanecer primaveral de Niza, lo que marcó el comienzo de nuestro compromiso.

Me gustaría volver a un incidente que no ocurrió en Niza pero que merece ser mencionado. Antes de la Liberación, fui a Marsella, durante el período de los bombardeos estadounidenses. La verdad es que no recuerdo exactamente el motivo de mi visita, pero me habían recomendado contactar a dos familias alsacianas allí. De las cuatro personas, resultó que solo había un judío.

André Weingarten vivía con la pareja Merius; la señora Merius y su hermana, Hélène, quien era la prometida de André. El señor Merius y él habían encontrado trabajo en la organización Todt, lo que les permitió pasar el período de clandestinidad. Sin embargo, fueron denunciados por vecinos que los acusaban de haber ayudado a los alemanes. Como resultado, todos fueron arrestados. El señor Merius y Hélène fueron posteriormente liberados, pero la señora Merius murió después de su liberación, mientras que André Weingarten fue retenido en detención, donde fue torturado y murió en prisión.

Finalmente, me enteré de que detrás de esta tragedia estaba Anne-Marie Kielitschi, una agente doble que, mientras trabajaba en Niza en septiembre de 1943, era amiga de un comisario de policía en Marsella. Fue ella quien causó la caída de André Weingarten, que era completamente inocente. El trabajo que realizaba para la organización Todt era puramente manual, como mozo y conductor de camión.

CAPÍTULO 13

Regreso a Estrasburgo

La liberación de Estrasburgo ocurrió el 23 de noviembre de 1944. Naturalmente, mis padres y yo estábamos ansiosos por regresar y ver qué había quedado de nuestro apartamento en la rue du Général Gouraud y de nuestras tiendas. A principios de mayo, se presentó una oportunidad: un refugiado de Colmar, el señor Kahn, tenía un coche, un pequeño Rosengart. Acordamos un trato: él no sabía conducir, así que yo lo llevaría en coche a Colmar y luego iría a Estrasburgo para comprobar el estado de nuestra propiedad. Después, volvería a recogerlo para el viaje de regreso, ya que también quería verificar el estado de su tienda de confección en Colmar.

De paso, fuimos a buscar a mi padre en Aix-les-Bains para ir juntos a Estrasburgo. No me extenderé en los incidentes técnicos, como los neumáticos y las ruedas, que alargaron considerablemente nuestro viaje a través de la ruta de los Alpes. Después de tener que pasar la noche en Digne, finalmente llegamos a Aix-les-Bains, recogimos a mi padre y continuamos nuestro camino hacia Colmar y luego Estrasburgo.

Éramos conscientes de que los bombardeos estadounidenses habían dañado gravemente Estrasburgo, con muchas bombas destruyendo cerca de 3,000 casas, y por lo tanto, alrededor de 12,000 apartamentos en septiembre de 1944, dos meses antes de que la ciudad fuera liberada. Nuestro apartamento en la rue du Général Gouraud estaba ocupado por soldados estadounidenses que parecían haber celebrado con muchas botellas de coñac. Los bombardeos solo habían dejado intactas las paredes del apartamento, ya que toda la madera había sido arrancada por los residentes para calentarse durante el invierno en ausencia de carbón.

En cuanto a la tienda en la Grand-Rue, estaba ocupada por un saqueador cuyo propio negocio había sido destruido por los bombardeos; pero de todos modos, se había apropiado de nuestra tienda. Fue un regreso a Estrasburgo difícil, teñido de tristeza, impotencia y melancolía. El martes 8 de mayo, se declaró el armisticio mientras estábamos en Estrasburgo, marcando el fin de las hostilidades entre los Aliados, la URSS y Alemania. Si bien el fin de la pesadilla prometía una era de paz, la alegría estaba matizada por la ansiedad de lo que descubriríamos sobre los deportados al regresar, en qué estado los encontraríamos.

Mis primos Max y Paul eran prisioneros, mientras que el tercero, René, había logrado ser repatriado. La noche del miércoles 9 de mayo, nos encontrábamos en un café de la rue du Jeu des Enfants, donde los refugiados que regresaban se encontraban para intercambiar información. Era un lugar lleno de emociones donde las personas, conociéndose más o menos, compartían sus historias, buscando consuelo entre sí después de las pruebas soportadas.

Efectivamente, eran principalmente los judíos quienes se reunían en este café para intercambiar noticias. Durante este encuentro, mi primo Paul, que había sido repatriado a París el día anterior y acababa de llegar a Estrasburgo, me encontró. Fue un reencuentro increíblemente conmovedor. No lo había visto desde el entierro de su madre en la nieve a principios de enero de 1940. Estaba en buena forma; había trabajado con agricultores en Austria y, por lo tanto, estaba en buena condición física. Su hermano Max regresó unos días después, pero ya había emprendido el camino de regreso.

Conduje al señor Kahn de vuelta a Colmar, dejé a mi padre en Aix-les-Bains, donde hicimos una parada, y llevé a mi hermana Simone a Niza para pasar unos días. Esto también sería una oportunidad para que ella conociera a Jeannette. Mis padres regresaron a Estrasburgo en julio.

Fue también en este período cuando mi cohorte de edad fue llamada a filas. Esperaba que nos olvidaran. Tenía una ficha de desmovilización, pero no estaba a mi nombre. Lo que sucedió después fue que nuestra cohorte de edad, habiendo realizado solo unos pocos meses de servicio militar, que realmente no lo era, ya que formábamos parte de los campamentos de trabajo juvenil, fue llamada a servir en las unidades encargadas de la guardia de los prisioneros de guerra del Eje. Finalmente logré hacer valer mi título de teniente de la Resistencia, lo cual fue aceptado, al menos por un tiempo. Al final, logré mantenerme en un rango de aspirante, lo que me situaba más en una función de mando que en el rango de los simples soldados.

De hecho, después de ser llamado a Marsella para unirme a las fuerzas armadas, pude obtener una carta del presidente de las obras sociales de los Alpes-Maritimes, orquestada por mi adjunto en Niza, Jacques Inouefeld. La carta enfatizaba que yo desempeñaba un papel absolutamente indispensable en Niza para el buen funcionamiento del Comité Judío de Acción Social, y que mi actividad formaba parte de las misiones esenciales de los servicios de asistencia social de la región. Así se solicitó una transferencia a la 445ª compañía de guardia de los prisioneros del Eje, lo que me permitiría ejercer mis funciones vitales para la comunidad fuera del horario de servicio.

Cuando llegué a Niza, me sentí inútil y pensé que otros podrían tomar el relevo para guardar a los prisioneros del Eje. Simulé una enfermedad, lo que me llevó a ser admitido en el hospital de Mont-Boron. El médico no parecía demasiado inquisitivo y después de las visitas, me escapaba para ir a la oficina. Sin embargo, tenía que volver por la noche debido al llamado nocturno. A pesar de todo, logré asegurar la mayor parte del trabajo en la oficina.

Con el regreso de los deportados comenzó un período y una realidad de horror indescriptible. Sabíamos que muchos deportados nunca regresarían. Temíamos que la mayoría no regresara, pero estábamos lejos de imaginar la magnitud real del horror de los campos de concentración y exterminio nazis, las cámaras de gas, los crematorios, las torturas, los sufrimientos inmensurables sufridos antes de su aniquilación. El regreso de los pocos deportados sobrevivientes nos conmocionó completamente; sus relatos nos traumatizaron de manera tan profunda que es difícil describirla.

Ante estos supervivientes, nos sentíamos completamente impotentes frente a su propio trauma. Entre nosotros había un abismo, una brecha creada por el horror y el sufrimiento que habían soportado. Y a pesar de la ayuda material que estábamos en condiciones de ofrecer, aunque insuficiente, era imposible llenar este abismo, esta enorme distancia forjada por experiencias que solo aquellos que las habían vivido realmente podían comprender. Era una realidad que teníamos que enfrentar, sabiendo que nunca podríamos aliviar completamente el dolor ni entender la magnitud de las pérdidas sufridas por aquellos que habían regresado del infierno de los campos.

Lamento sinceramente no poder dar una cifra exacta del número de deportados que llegaron a Niza. No recuerdo si eran 20, 30 o 15; esos detalles ahora me escapan. En cuanto a sus testimonios, la gente tenía muchas dificultades para hablar. Sus experiencias eran tan dolorosas y traumáticas que encontrar las palabras para describirlas a menudo era insuperable. Las autoridades establecieron una estructura, el COSOR, específicamente destinada a ayudar a los repatriados, que incluía a muchos resistentes. De hecho, la tasa de supervivencia y retorno de los resistentes deportados fue más alta que la de los deportados judíos. Es crucial aclarar que se trata de proporciones y no de cifras absolutas. También había trabajadores forzados que regresaban a casa después de la guerra. Todos estos retornos requerían la intervención de las autoridades y el COSOR realizó un trabajo notable en este aspecto.

Sin embargo, la principal dificultad fue enfrentarse a la experiencia vivida por los repatriados, una experiencia a menudo intransmisible e insostenible para ellos. Muchos volvieron sin sus familias, sin sus hijos o padres, y cada caso representaba un drama terrible y único. Ahora me gustaría presentar algunos documentos. Entre ellos, mi tarjeta de las

Fuerzas Francesas del Interior, que se estableció, por supuesto, después de la Liberación. En esta tarjeta, se puede ver que está afiliada al grupo FTP de René Cantat Logan Martin y de Jean-Marie. Es un vestigio de mi compromiso durante esos años oscuros, un compromiso que nos costó mucho pero también nos animó con una formidable voluntad de resistencia y liberación.

Durante la clandestinidad, habíamos establecido contactos con los FTP (Francotiradores y Partidarios), y continuamos colaborando con ellos durante la Resistencia. Esta tarjeta está relacionada con mi actividad para Tchadacheni, un compromiso que explicaré en detalle más adelante, pero ya pueden ver que hay un texto en ruso y las banderas de los Aliados, así como la bandera rusa. En esta tarjeta, de hecho, está inscrito mi papel como jefe del servicio social y del laboratorio de la Resistencia. Este departamento estaba a cargo de proporcionar identificaciones, suministros y servicios de inteligencia. Aunque éramos parte integral de los FTP en el plano militar, también manteníamos relaciones con otros grupos de la Resistencia. Nuestra contribución principal fue la fabricación y distribución de documentos falsos, mientras que ellos nos proporcionaron las armas necesarias el día de la Liberación.

Josée era la mayor de nuestro grupo de trabajadores sociales. Su edad exacta era desconocida para mí, la mantenía en secreto, pero probablemente tenía entre 45 y 50 años. Jacqueline Cotillard, Mika Niagouche y yo éramos todos más jóvenes. Mika Niagouche, de origen alemán, era extremadamente competente y comprometida con su trabajo. La foto de nuestro equipo es solo una representación parcial; faltaban varios colaboradores. Llegó el momento en que tuve que pasar la dirección del comité a Jacques-Henri Feil. Nuestros vínculos con París ya estaban establecidos y podíamos contar con la seguridad de presupuestos para la asistencia y los salarios. Noviembre fue el mes de mi regreso a Estrasburgo, con el objetivo de reconstruir el negocio familiar. Mi padre me había confiado que, sin mi ayuda, no tendría la fuerza para empezar de nuevo por su cuenta, y que si no regresaba, todo lo que había construido se perdería.

Así, la Aliyah tendría que esperar alrededor de

un cuarto de siglo. Jeannette también se dirigió a Estrasburgo, donde se quedaría con su tío Lucien Cronbach y su familia. Nuestra boda estaba planeada para la primavera de 1946, tan pronto como pudiéramos encontrar una vivienda, una tarea compleja dadas las numerosas destrucciones en la ciudad. Era un tiempo de reconstrucción y grandes cambios, no solo para mí personalmente, sino también para la comunidad judía y para el país en su conjunto, que se levantaba de los escombros de esta guerra devastadora.

Las destrucciones materiales no podían compararse con los dramas humanos causados por el Holocausto: el duelo por los deportados que nunca regresarían, las heridas indelebles grabadas en los corazones de los que sobreviven. Lamentamos a todos los camaradas que perdieron la vida luchando a nuestro lado, pioneros, ejemplos de coraje y resistencia. En ese momento, nuestro mayor deseo era ser dignos de su sacrificio y nunca olvidar su lucha. Era un principio que tratamos de encarnar en nuestras acciones y nuestra vida cotidiana.

Cuando reflexiono hoy sobre ese período y los años de guerra, me resulta difícil sacar lecciones o formular un juicio sobre esos años terribles. Me piden que emprenda un estudio tanto psicológico como histórico, lo cual es una tarea ardua. Lo que es seguro es que este período nos marcó profundamente a todos. Por mi parte, viví una experiencia de vida intensa y a menudo desgarradora, pero no puedo decir que haya sido en vano.

Estas experiencias, aunque llenas de dolor, han dado forma a quien soy y han influido en el curso de mi existencia. Son puntos de anclaje en mi memoria, recordatorios constantes de las realidades más oscuras de nuestra historia, pero también pruebas de la resiliencia y la capacidad del espíritu humano para buscar la luz incluso en la oscuridad más densa.

Es innegable que habríamos preferido evitar las pruebas de la guerra, pero nos han marcado indeleblemente. Personalmente, salí de este período cambiado, con una perspectiva muy diferente de la que tenía antes del conflicto. Entre septiembre de 1939 y noviembre de 1945, he presentado un relato ampliamente incompleto y soy consciente de no haber podido transmitir la intensidad de esos años, marcados por dramas cotidianos, errores, titubeos, momentos de desesperación y victorias fugaces.

Nuestro más profundo reconocimiento debe expresarse hacia nuestros fieles amigos no judíos, cuya ayuda y devoción fueron esenciales para nuestro trabajo y nuestra supervivencia.

En cuanto a la importancia y significado de mi actividad durante la guerra, es cierto que tuve la oportunidad de realizar acciones vitales como salvar vidas y proporcionar asistencia crucial sin la cual algunas personas no habrían sobrevivido. El paso a la rutina diaria después de un período de acciones tan traumáticas y cruciales puede ser difícil para algunos, pero personalmente, no creo haber sufrido un shock o una decepción demasiado grande. Creo que logré pasar de una fase a otra de manera relativamente natural, aunque los desafíos a los que me enfrenté después de la guerra fueron de una naturaleza muy diferente a la de la Resistencia.

Era imperativo reconstruir después de la guerra, y esto se logró en las mejores condiciones posibles, a pesar de los errores inevitables que cada uno puede cometer. Luego lideré el KRN-KMH en Estrasburgo durante 25 años, un papel al que dediqué mucho tiempo y esfuerzo, en beneficio de la comunidad.

El 19 de mayo de 1946, las Fuerzas Francesas del Interior me otorgaron la Medalla de la Resistencia.

Fue un gran orgullo para mí durante 20 años. Sin embargo, después de la posición tomada por el general de Gaulle en noviembre de 1967 tras la guerra de los Seis Días, encontré necesario devolverle esta condecoración. Le expresé mi incapacidad para conservar un honor que provenía de alguien que había traicionado la confianza que un pequeño Estado como Israel había depositado en él. Hice el paralelo de que, al igual que Francia había traicionado a Checoslovaquia anteriormente, acababa de traicionar a Israel. La condecoración ya no tenía lugar en mi casa, especialmente después de las declaraciones del general sobre el "pueblo vivo, orgulloso y dominante".

Estoy feliz de concluir esta conversación y les agradezco por su atención. Sinceramente espero que esta grabación pueda ser útil, tanto para mi familia como para los investigadores que puedan estar interesados en consultarla en el futuro.

Es un deseo que formulo de todo corazón.

About the Author

Raymond Heymann (1919-2009) was not only a key figure in the Jewish community of Strasbourg but also a prominent member of the French Resistance during World War II. His courageous efforts earned him the Resistance Medal from Charles de Gaulle. Post-war, he continued to contribute significantly to Jewish life, eventually making Aliyah to Israel. His legacy also includes his recorded testimony for Steven Spielberg's Holocaust archive, preserving vital historical accounts for future generations. This multifaceted life of service and dedication to Jewish culture and history makes him a notable figure in both French and Jewish history.

www.ingramcontent.com/pod-product-compliance
Lightning Source LLC
Chambersburg PA
CBHW021011160726
47994CB00006B/2462